日本人英語学習者のための
タスクによるライティング評価法
構成概念に基づく言語処理的テスト法

杉田　由仁

大学教育出版

まえがき

　1998年4月から2000年3月までの2年間、山梨県教育委員会の現職教師派遣事業により、山梨大学大学院教育学研究科（修士課程）において研修の機会を得ました。この研修当時から、私が研究テーマとして「英語のテスティング」を選んだ理由は、教室でいかにコミュニカティブな授業を実践しようとも、中学校における英語学習のゴールとなる「高校入試問題」が旧態依然としたテスト問題であれば、現場教師の授業変革の努力はかえって生徒たちのためにならなくなってしまう、という問題意識があったからでした。しかし、今から10年前の日本におけるテスティング研究は、欧米に比べ相当に立ち遅れていて、私の研究課題を解決する手立てを見つけることはおよそ困難な状況であることがわかりました。そこで、修士論文では「ライティング・テスト」に特化して、従来の和文英訳方式とは異なる、ライティング能力測定のためのテスト開発に取り組むことにいたしました。

　この研究に取り組む過程におきまして、それまで私が漠然とイメージしてきたコミュニカティブなライティング能力とは、バックマンのモデル（Bachman, 1990; Bachman & Palmer, 1996）における"organizational competence"に近いものであることと、その能力は"grammatical competence"と"textual competence"によって構成されるものであることがわかってきました。この気づきにより、自分の考えるライティング能力のモデルを測定対象とするためには、"grammatical competence"と"textual competence"の下位能力をいかに定義するかが課題であることがわかってきました。しかし、個人研究のレベルでは難しい領域であり、早稲田大学大学院の中野美知子先生に師事し、ご指導をいただくことになりました。社会人大学院生として、再び勤務と博士論文執筆という苦難の歳月を送ることになりましたが、科学

研究費補助金による助成なども受けることもでき、4年間（修士論文からは10年）をかけて"The development of a construct-based processing approach to testing: Task-based writing assessment for Japanese learners of English"という論文にまとめることができました。

　本書は、この論文の内容を再構成し、実際に開発されたタスクに基づくライティング・テスト（Task-Based Writing Performance Test: TBWT）の信頼性・妥当性について検証した結果およびその後に行った実証実験の結果を報告することを目的として刊行いたしました。私の主張は、Skehanが提唱したテスト・パフォーマンス時における言語処理に関わる条件の操作によるテスト法（processing approach to testing）およびBachmanの主唱する構成概念に基づくテスト法（construct-based approach to testing）を発展的に統合させた「構成概念に基づく言語処理的テスト法（construct-based processing approach to testing）」というテスト開発法に置かれています。TBWTの実証実験には、5名の現職高校教師および15名の現職中学校教師に評定者として参画していただき、予備調査を含む5回のテスト結果分析という貴重な機会を与えていただきました。

　まだまだ不十分な点も多いことは言うまでもありませんが、研究の成果として、これからの日本の学校におけるライティング指導に対して、1）ライティングによる運用能力評価において、評価対象となる能力を明確に示すことができた、2）タスクに基づくライティング・テストの具体的な開発手順を確立することができた、3）特別な訓練を受けたライティング評価の専門家ではなく、実際に教室で指導にあたる中学校・高等学校の英語科教員が、タスクを測定手段として行う信頼性・妥当性の高い運用能力評価を行うことができる評価基準・テスト方法を開発することができたことにより、ライティングの評価改善の面で多少なりとも貢献ができるのではないかと考えています。

　本研究に関わり、ご校務等によりご多忙にも関わらず評定者として研究協

力をいただいた先生方ならびにTBWTを受験してくれた学生諸君に厚くお礼申し上げます。また、研究初期の企画段階から、絶えず暖かい励ましをくださった山梨大学の古家貴雄先生ならびに博士後期課程において親身な研究指導を行っていただいた早稲田大学大学院の中野美知子先生に衷心より感謝の意を表したいと思います。

　なお、本研究の一部は、JSPS科研費22520572の助成を受けたものです。また、本書は、JSPS科研費22520572, 24320109の助成により刊行させていただきました。ここに記して、感謝を申し上げます。

2013年4月

杉田由仁

日本人英語学習者のための
　　　タスクによるライティング評価法
　　──構成概念に基づく言語処理的テスト法──

目　次

まえがき ……………………………………………………………… i

第1章 序 論 …………………………………………………… 3
第1節 研究の背景　3
　1. 1970年代以降のライティング指導　3
　2. 日本の学校におけるライティング指導　5
　3. ライティングによる言語運用（performance）の評価　6
　4. 英語教師によるライティングの評価　8
第2節 本研究の目的と内容構成　9

第2章 先行研究の概観 ……………………………………… 11
第1節 ライティング評価法の背景　11
　1. Canale and Swain のライティング評価法　11
　2. Bachman の言語能力評価モデル　14
　3. Skehan の言語能力評価モデル　18
　4. タスクに基づくテスト法に対する批判　21
第2節 構成概念に基づく言語処理的テスト法：
　　　日本人英語学習者のためのタスクに基づくライティング・テスト　24
　1. 構成概念に基づく言語処理的テスト法　24
　2. 評価タスクの特徴づけ　25
　3. 構成概念の定義　27
　4. テストの実施手順　30

第3章　評価タスクと評定尺度の開発　……………………………… 36

第1節　開発ステージ1　36
1. タスク細目　36
2. Accuracy タスクの枠組みと内容　37
3. Communicability タスクの枠組みと内容　38
4. 評価タスクの適切さ　39

第2節　開発ステージ2　41
1. 全体的評価法　41
2. 分析的評価法　42
3. 単特性評価法　42
4. 多特性評価法　43
5. TBWT における評価法　43

第3節　開発ステージ3　44
1. 評定尺度の類別　44
2. 評定尺度の記述子　45
3. 評定尺度のカテゴリー数　47

第4節　予備調査　48
1. 研究目的　48
2. 研究方法　48
3. 分析結果　50

第4章　評定尺度の改訂　……………………………………………… 53

第1節　評定尺度の改訂作業　53
1. 改訂の作業手順　53
2. 結合パターン1　54
3. 結合パターン2　57

第2節　『評定の手引き（TBWT Scoring Guide）』改訂版の作成　60

1．評定尺度の修正　　*60*
　　　2．ライティング・サンプルの抽出　　*64*

第5章　本調査1 ………………………………………… *70*

　第1節　研究課題　　*70*

　第2節　研究方法　　*71*

　　　1．評価対象データの収集　　*71*
　　　2．分析対象データの収集　　*71*
　　　3．分析方法　　*71*

　第3節　結　果　　*72*

　　　1．古典的テスト理論によるテストデータの分析　　*72*
　　　2．FACETSによるテストデータの分析　　*74*

　第4節　考察とまとめ　　*86*

　　　1．考察と示唆　　*86*
　　　2．本調査1のまとめ　　*89*

第6章　本調査2 ………………………………………… *90*

　第1節　研究課題　　*90*

　第2節　研究方法　　*90*

　　　1．評価対象データの収集　　*90*
　　　2．分析対象データの収集　　*91*
　　　3．分析方法　　*91*

　第3節　結　果　　*93*

　　　1．FACETSによる分析結果　　*93*
　　　2．プロトコルデータの分析結果　　*96*

　第4節　考察とまとめ　　*101*

第7章　本調査3　……………………………………………………… 104

- 第1節　研究課題　*104*
- 第2節　研究方法　*105*
  1. 評定者グループの構成　*105*
  2. 評定者トレーニングとセッションの内容　*105*
  3. データの収集と分析　*107*
- 第3節　結　果　*108*
  1. アンケート回答の分析　*108*
  2. FACETS によるテストデータの分析　*110*
- 第4節　考察とまとめ　*116*
  1. 考察と示唆　*116*
  2. 本調査3のまとめ　*118*

第8章　本調査4　……………………………………………………… 119

- 第1節　研究課題　*119*
- 第2節　研究方法　*120*
  1. 調査対象者　*120*
  2. データの収集と分析　*120*
- 第3節　結　果　*122*
  1. 古典的テスト理論によるテストデータの分析　*122*
  2. FACETS によるテストデータの分析　*125*
- 第4節　考察とまとめ　*131*
  1. 考察と示唆　*131*
  2. 本調査4のまとめ　*134*

第9章 総 括 ………………………………………………………… 135
第1節 研究内容の要約　135
第2節 研究の成果と教育的示唆　139
第3節 研究の限界と今後の課題　141

参考文献 ………………………………………………………… 144

付 録 …………………………………………………………… 155

『評定の手引き（初版）』　156
『評定の手引き（改訂版）』　163
評定の手引きに関するアンケート（本調査1）　179
評定者トレーニング・評定作業に関するアンケート（本調査3）　182
評定の手引き・評定作業に関するアンケート（本調査3）　186
評価タスク　190
ライティング・タスクに関するアンケート（本調査4）　201

索 引 …………………………………………………………… 204

日本人英語学習者のための
　　　タスクによるライティング評価法
　── 構成概念に基づく言語処理的テスト法 ──

序論

本章では、研究の背景、全体の主題を紹介し、論文の構成を記述している。

第1節　研究の背景

1. 1970年代以降のライティング指導

　第二言語・外国語（以下、両者を特に区別することはせず、特別に断らない限り「外国語」とする）におけるライティング指導は、母国語としてのライティング研究から多くの示唆を得ることにより、1970年代からの30年間、大きく変容した。1970年代の外国語としてのライティングは、他と明確に区別することのできる研究領域として認知されず、専ら言語学習を支援するための技能として用いられてきた（Reid, 2001）。この当時の外国語としてのライティング指導観は、いわゆるオーラル・アプローチの考え方に基づくものであり、言語形式を重視して正確な文章を作り出すことを主目的としていた。したがって、教室におけるライティングの授業では、単文を結合させて統語的により複雑な文を作る練習やモデル文の一部を別の語句に置き換えて文を作る練習などの統制ライティングが主流となっていた（Matsuda, 2003）。

　1970年代後半から1980年代にかけては、母国語としてのライティング

指導において、ライティングとは自己発見の過程であり、自分の感情表現を行うことが促進されるような教室環境の中で自己表現に取り組ませるという書き手中心のライティングが提唱された（Reid, 2001）。Zamel（1976）は、このような書き手自身の発見と手順を重視する指導法を外国語としてのライティング指導に応用し、生徒たちが実際に書くプロセスが中心となる活動を経験させることにより、意味内容の伝達を行うための言語能力発達が促進されると主張した（Zamel, 1983）。まさにこれは、出来上がった作品における「正確さ」を重視する伝統的なライティング指導から、意味内容を伝えるための「流暢さ」を重視する指導へのパラダイム・シフトと言える。

その後1980年代後半には、本来、母国語におけるライティング指導法として確立された書き手中心のライティングを外国語としてのライティング指導に応用することに対して疑義が持たれ始めた。書き手中心の自己表現や自己発見のためのライティングに対して、読み手を意識して自分の考えを正しい英語で伝えるためのライティングの必要性が指摘された（Horowits, 1986）。特に世界各地からの留学生を受け入れているアメリカ合衆国の大学などにおいては、学術目的のための英語（English for Academic Purposes）の指導が行われるようになった。しかし、「プロセスを重視する立場」あるいは「プロダクトを重視する立場」からのライティング指導に関する論議はこの時期においても断続的に行われていた。前者は、書く過程そのものを重視する立場から「内容的に流暢に書かせること」を、後者は「形式的に正確に書かせる」ことを繰り返し主張した。しかし、主張の違いこそあれ、プロセス・ライティング・アプローチに関しては、両者の立場から有効なライティング指導方法として活用されていたという実態がある（Reid, 2001, p.29）。

今世紀に入り、学校における外国語としてのライティング指導の重要性は国際的にも認知され、TOEFLにおけるTWEをはじめ、MELAB、CLES、IELTSなどの言語運用能力試験のライティング・セクションにライティン

グの直接テストが導入されている。また、教室におけるライティング指導については、例えばライティングの目的を「読み手とのコミュニケーション」と捉える「ジャンル・アプローチ」が注目されているように、「プロダクト重視」か「プロセス重視」か、「書き手中心」か「読み手中心」かといった、これまでのような特定の指導観に偏るのではなく、むしろバランス化が図られつつあると言える。

2. 日本の学校におけるライティング指導

　日本における英語教育は元来、文型や語彙、文法規則の指導を重視してきたために、言語形式における正確さが指導の重点とされてきた。特に、ライティングの授業においては、空所補充や文の結合、文の書き換えや和文英訳などが言語活動の中心となっていた。その結果として、英語で書かれている意味内容よりも、言語形式面における正確さを評価規準として、誤りを数えて評価する方法（誤答減点法）が最適であると考える日本人英語教師も多かった。

　グローバル化の進展とともに、日本人学習者は国際コミュニケーションのツールとして英語を学習し、実際に使えるようになる必要性が高まってきた。日本人学生や生徒たちの実践的コミュニケーション能力育成の重要性が指摘され、ライティングの分野においても、これまでの言語形式における正確さを重視したライティング指導から意味内容を流暢に伝えることを重視したライティング指導への転換が叫ばれることとなった（例えば、Iseno, 1991; 緑川, 1998; 大井, 2004 など）。そのような動向が実を結び、文部科学省が示す『学習指導要領』においても、意味内容を重視するライティング指導が明示されることとなった。一例として、2012年度より完全実施となった『中学校学習指導要領』「書くこと」の内容として「身近な場面における出来事や体験したことなどについて、自分の考えや気持ちなどを書くこと」「自分の考えや気持ちなどが読み手に正しく伝わるように、文と文のつなが

りなどに注意して文章を書くこと」などが示されている。

　こうしたライティング指導におけるパラダイム・シフトはまた、ライティングの評価・測定の分野における新たな評価方法の必要性を研究者や学校現場の教師たちに認識させることとなった。アメリカ合衆国をはじめとする諸国では、20年ほど前からすでにライティングにおける直接テスト・評価法の研究実践が推進されてきた（Hamp-Lyons, 2003）。これに対し、日本の学校におけるライティング指導は、従来の「形式重視」の指導から「内容重視」の指導へと変容しつつあるが、その評価方法は従前の文法や語法に関する多肢選択問題や文の結合・誤文訂正問題などの間接テストが主流であり、これといった進展が見られていない。指導方法の変化に呼応して、ライティングによる言語運用能力の評価法に関する研究開発が急務となっている。

3. ライティングによる言語運用（performance）の評価

　Brown（2004）は、言語運用の評価を実際の、あるいは実際に近い言語使用を伴う活動の中で、どの程度課題（task）を達成したかに基づいて行う評価方法を「直接テスト方式」と定義している。このような言語の産出面における言語運用（以後「言語運用能力」と呼ぶ）の評価方法として、英語による面接を行ってスピーキング能力を測定したり、あるトピックについて英語で文章を書かせてライティング能力を測定するなどの評価例がある。Weigle（2002）は、特にライティングにおける言語運用能力の評価について「書かれたものはライティングの言語運用能力を表すものと考えられるので、実際に書くという行為を伴うライティング・テストはすべて言語運用能力を評価すると言える（p.46）」と述べている。すなわち、ライティングの言語運用能力とは、直接テスト方式により、実際に書かせることによってはじめて測定が可能になるということである。

　しかし、日本の英語授業においては、言語の正確さを重視した指導が伝統的に行われてきた経緯があり、評価においても間接テストが用いられるのが

一般的であった。選択形式による間接的なテストではなく、直接テストを日本の英語授業に導入するためにはどのようにすべきなのであろうか。この問いに対しては、McNamara（1996）に従って、言語運用能力の評価を2つのタイプに類別して考えることが1つの有効な手だてになるのではないかと考えられる。1つ目のタイプは与えられたタスクを完遂することを重視する「強形」である。このタイプにおけるタスクは実生活に即した本物の課題となり、その評価も実生活の基準に照らし合わせて行われる。2つ目のタイプは、言語使用そのものを重視する「弱形」である。タスクは練習のために模造された課題であり、評価は言語能力の観点から行われる。

この分類によると、弱形による言語運用能力テストを使用すれば言語能力に限定して評価を行うことができるので、テスト作成者はテストの内容および言語形式を評価のねらいに照らし合わせて制限することができる。評価基準も同様に、語彙・文法・構成などの言語の個別的側面を評価の観点として設定することができる。つまり、弱形による言語運用能力評価であれば、正確さを重視した指導が中心となる日本の英語授業においても十分に応用や活用が可能であると考えられる。

さらに、文部科学省によって示される『学習指導要領』においても、前回（平成10年）の改訂から「言語の使用場面と働き」についての具体例が示されるなどの進展が見られる。例えば、「言語の使用場面」の具体例（中学校）としては「あいさつ」「自己紹介」「道案内」など「特有の表現がよく使われる場面」や「家庭での生活」「学校での学習や活動」など「生徒の身近な暮らしにかかわる場面」とそれぞれの場面における表現例が示されている。また、「言語の働きの例」としては、「意見を言う」「説明する」「発表する」など「考えを深めたり情報を伝えたりするもの」や「質問する」「依頼する」「賛成する／反対する」など「相手の行動を促したり自分の意志を示したりするもの」「礼を言う」「苦情を言う」「謝る」など「気持ちを伝えるもの」とその表現例が示されている。これらの『学習指導要領』に示された言語の使用

場面・機能に基づいてライティング・タスクを開発することは十分に可能である。したがって、今や日本の英語授業においても生徒が実際に英文を書き、書かれた内容について評価を行う直接テストを実施すること、すなわちタスクに基づくライティングテストによる言語運用能力の評価を導入することは十分に実現可能な状況になりつつあると考えられる。

4. 英語教師によるライティングの評価

　本研究においては、英語を専門としない初・中級レベルの大学生がタスクに基づくライティングテストの受験者として研究に参加している。第1節2項で述べたとおり、日本の英語授業は1文レベルの正確さを重視する指導が主流であったので、大学生とはいえパラグラフレベルのライティングを行うことは容易ではないという実態が報告されている（Sugita, 2005, 2006）。このような実態に配慮して、本研究においては評定を、大学教員ではなく中学校・高等学校の英語科教員に依頼することにした。

　また、同じ校種の英語科教員と言っても教師経験の違いを考慮する必要がある。Berliner（1987）によれば、経験年数の短い教員と長い教員には考え方や行動の面で明らかな違いがあり、Cumming（1990）はライティングにおける評価に特化して、経験の違いが意志決定行為に及ぼす影響について指摘を行っている。具体的には、経験の長い教員は評定の際にライティングの主題や内容の展開など高次な側面に注目するが、経験の短い教員は文法や句読法などの低次な側面に注目するという指摘である。こうした研究事例は、英語教師によるライティング評価においては、経験が評定に与える影響というものを考慮すべきことを示唆している。そこで、本研究においては評定を依頼する中学校・高等学校教員の背景や経験などにも配慮したリサーチ・デザインに基づいて調査を行うことにした。

第2節　本研究の目的と内容構成

　前節において見たように、日本の学校におけるライティング指導は、言語形式における正確さを重視する従来型の指導から意味内容を流暢に書くことを重視する指導へと変容しつつある。本研究の目的は、ライティングにおける指導と評価の一体化を目ざし、タスクに基づくライティングテスト実用化に向けて、具体的には以下の4点を明らかにすることである。

（1）タスクに基づくライティングテストにおいて、評価対象となるライティング能力の定義とは何か。
（2）タスクに基づくライティングテストにおける評価タスクとはどのように開発すべきか。
（3）タスクに基づくライティングテストにおける評価基準・評定尺度とはどのようにして開発すべきか。
（4）タスクに基づくライティングテストとは、統計学的にどの程度の信頼性および妥当性が確保することができるか。

　これら4つの課題解決に向けて、本章に引き続き、第2章ではライティング評価に関わる先行研究の概観とテスト開発の理論的枠組みおよびライティング能力を構成する概念の検討を行う。第3章では評価タスクおよび評定尺度の開発方法の概略について記述を行い、5名の現職高校教師による予備テストの結果と分析を行う。第4章では予備テストの結果に基づく評定尺度の改訂作業の説明を行い、第5章では改訂された尺度の信頼性を検証するために、5名の現職中学校教師による本調査の結果と分析を行う。また、本調査の結果分析を受けて、第6章では評価基準の妥当性検証を、第7章では評定者トレーニングの効果に関する検証をそれぞれ行う。さらに、第

8章では新規に開発された評価タスクとオリジナル・タスクとの平行形式信頼性の検証を行う。本研究の総括となる第9章では、研究内容の要約、研究の成果と教育的示唆、研究の限界と今後の課題についてまとめを行う。

先行研究の概観

本章では、タスクに基づくライティングテスト（Task-Based Writing Test: TBWT）開発の基礎となるライティング評価に関わる先行研究の概観とテスト開発の理論的枠組みおよびライティング能力を構成する概念の検討を行っている。

第1節　ライティング評価法の背景

Bachman and Palmer（1996）によると、言語テストの最重要目的とはテスト受験者の言語能力を類推することである。テストによって測定しようとする能力は「構成概念（construct）」と定義され、この構成概念を記述することがテストデザインにおいてどうしても必要な出発点となる。本章では、ライティングにおける言語運用能力を評価するためのテスト開発および測定対象となる構成概念を明らかにするための枠組みの検討を目的として、関連する先行研究の概観を行う。

1. Canale and Swain のライティング評価法

Canale and Swain（1980）およびCanale（1983）において「コミュニケーション能力（communicative competence）」の理論的枠組みが提唱され

た。この理論ではコミュニケーション能力は「文法能力（grammatical competence）」「ディスコース能力（discourse competence）」「社会言語学的能力（sociolinguistic competence）」「ストラテジー能力（strategic competence）」の4能力で構成されるというモデルが示された。文法能力とディスコース能力は言語体系そのものの使用に関する能力である。具体的には、文法能力は語彙、語形成、統語、発音、綴りなどの言語体系を正確に操作する手続き的知識であり、ディスコース能力は会話や文章において、複数の文を適切に組み合わせてまとまりのある内容を伝える能力である。つまりこの両者は、一文レベルの産出能力である文法能力を、ディスコース能力が補完するという関係にあると言える。

これに対して、社会言語学的能力とストラテジー能力とは、コミュニケーションにおける機能的側面を支える能力である。社会言語学的能力とは、言語が使われている社会的な文脈を理解して、場面、目的、話し手と聞き手の関係などの要因に応じて適切な言語形式と内容の言葉を使う能力である。また、ストラテジー能力とは、さまざまな理由でコミュニケーションに支障が生じた場合に、文法能力、ディスコース能力および社会言語学的能力の不備を補い、その場に応じた方策を講じる能力である（Swain, 1980）。

この言語能力モデルに基づいてSwainが提唱したコミュニケーション能力テストの開発基準に関して、Brown（1994, p.266）は以下のように要約している。

(1) コミュニケーション能力テスト開発においては、理論的枠組みを基礎として開発が行われるべきである。
(2) テストの内容は、実際の言語使用場面と関連し、生徒が興味や関心、意欲を持って取り組むことのできる題材を選ぶべきである。
(3) テストの形式（問題形式、難易度、解答時間など）は、生徒のベスト・パフォーマンスを引き出すように配慮すべきである。
(4) 教室における指導に対して波及効果（washback）を与えるようなテ

ストを考案し、生徒がテスト結果を、学習成果に関するフィードバックとして受け止められるようにすべきである。

この基準に沿って実際に開発された3部構成のコミュニケーション能力テスト（Swain, 1990, p.403）には英作文問題が配置されている。評価対象となるライティング能力は、文法能力、ディスコース能力、社会言語学的能力に細分化され、文法能力とディスコース能力については、物語文と説得のための手紙文という問題形式によって測定が行われる。文法能力については、動詞の形、前置詞、統語の正確さを評価規準として採点が行われ、ディスコース能力に関しては論理的つながり、時制の一致、文章全体としての一貫性などによって評定が行われる。また、社会言語学的能力については、依頼を正式に行うための手紙や覚え書きという問題形式により、正式な文体とくだけた文体を使い分ける能力を評価規準として採点が行われるというテスト・デザインである。具体的な問題例として、高い木に登って降りられなくなった子猫の救出劇や銀行強盗事件を物語体で書かせることにより文法能力やディスコース能力を評価する問題、車庫に置いてある自転車の貸与を持ち主に依頼する手紙やアパートで犬を飼育する許可を家主に依頼する手紙を書かせることにより社会言語学的能力を評価する問題などがある。これらの問題例は、テスト受験者の実際の言語使用に関わるライティング能力は、直接の測定対象となる文法能力、ディスコース能力、社会言語学的能力によって類推することができるという考え方に依拠していることを示唆する。すなわち、Swainのコミュニケーション能力テスト問題は、限定的な場面におけるライティングによる言語運用を要求するものであるにもかかわらず、その測定結果は、幅広いさまざまな文脈においても適用可能な言語能力として一般化が可能であること（いわゆる外挿）を大前提としているのである。

しかし、この前提に対して、Skehan（1998）は「受験者の潜在能力を実際のパフォーマンスや処理条件と関連づける直接的な方法や異なる文脈において求められる言語分析の基礎も示されていない（p.159）」と指摘し、現実

生活の一場面に特化した内容のテスト問題によって、限定的に測定された評価結果に基づいて言語能力として一般化を行い、他の文脈において成し得る言語行為を予測することは現実的に困難であると述べている。つまり、Swainが提唱したコミュニケーション能力テストとは、その内容や場面は受験者の意欲を高め、テスト問題と受験者との相互作用を促進して、受験者の持つライティング能力が実際に言語が使用される文脈に統合されるというものであるが、そのような相互作用や統合がパフォーマンス中に起こるメカニズムが解明されていないことにSkehanの批判が向けられている。

　確かに、Canale and Swainのライティング評価法により、評価対象となるコミュニケーション能力の理論的枠組みやテスト開発のための基準が提供されたことに関してはおおいに評価することができる。しかし、Skehanが指摘するように、実際にライティングが行われている間に、直接の評価対象となる言語能力がその処理過程において、どのように役割を果たしているのかを説明することができていないという問題点がある。そのため、文法能力とディスコース能力の測定に関して、物語文と説得のための手紙文という問題形式の例示は行われているが、これらのテスト問題によって受験者のライティング能力がどのようにして測定されるのかを提示することができていない。その結果として、コミュニケーションにおける機能的側面を支える社会言語学的能力とストラテジー能力の測定方法に関しては、さらなる議論を要する研究課題となったままである。

2. Bachmanの言語能力評価モデル

　Canale and Swainによる「文法能力」「談話能力」「社会言語能力」「方略的能力」の4要素理論の改良版としてBachman (1990) は「コミュニケーション能力理論 (communicative language ability)」を提案し、Bachman and Palmer (1996) によって修正が行われた (図2-1)。

　この理論によると、コミュニケーション能力 (communicative compe-

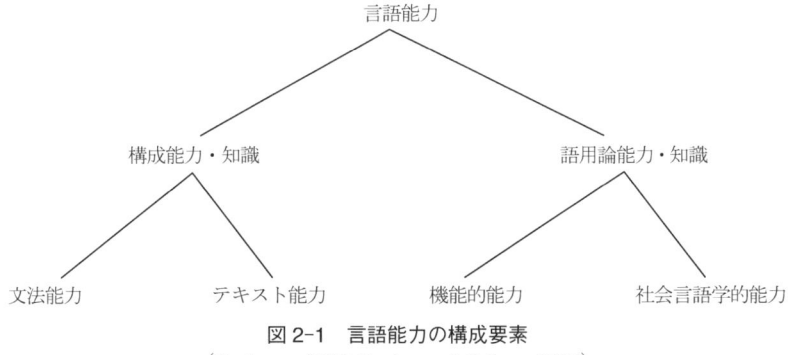

図 2-1　言語能力の構成要素
（Bachman, 1990; Bachman & Palmer, 1996）

tence）は言語能力（language competence）、ストラテジー能力（strategic competence）、心理生理機構（psychophysiological mechanisms）という3つの主要素から構成される。この内、言語能力は「構成能力・知識（organizational competence/knowledge）」と「語用論能力・知識（pragmatic competence/knowledge）」から成り、前者は言語構造とその構成を処理する「文法能力（grammatical competence）」と「テキスト能力（textual competence）」、後者は意思疎通を図るために活用する「機能的能力（functional competence）」と「社会言語学的能力（sociolinguistic competence）」をそれぞれ含む。ストラテジー能力についてBachmanは「実際の言語使用の場面で、言語能力を構成する諸能力を実行に移す高次の能力（p.84）」と定義して、図2-2のように位置づけ、Canale and Swainとは異なるモデルを構築した。

　Canale and Swainの理論的枠組みにおけるストラテジー能力とは、コミュニケーションの過程で障害が起こった際に、それに対処してコミュニケーションを進めていくという方略的な能力という位置づけに留まっていたが、Bachmanモデルにおけるそれは、コミュニケーション能力の中核を成すものであることが、図からも明らかである。つまり、Bachmanのステラテジー

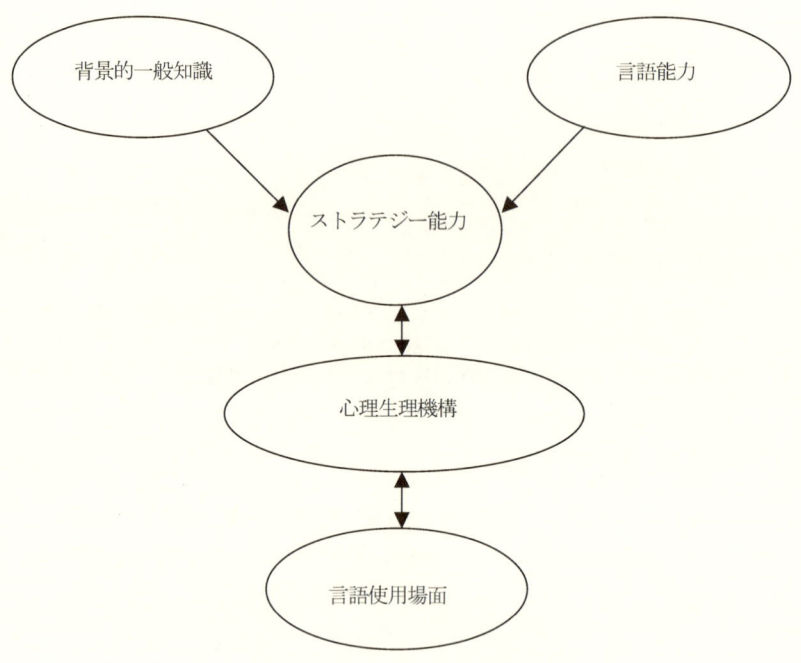

図2-2　コミュニケーション能力モデル
（Bachman 1990, p.85）

能力とは、McNamara（2000）が「ストラテジー能力は言語使用場面において意味交渉を行うことを可能にする総合的推論能力である（p.19）」と述べているように、言語運用全般に関わる幅広い能力と言える。さらにこの能力には、効果的なコミュニケーションを行うためにはどのような言語能力を使うべきかを計画する能力が含まれることから、言語能力（competence）と実際の言語運用（performance）との関係性を理論的に再定義することが可能となる。

　また、Bachman and Palmer（1996）には、具体的なテスト開発例が紹介されている。さまざまなタイプの評価タスクが含まれ、評価対象となる言語能力に関しても幅広く対応している。テスト開発の理論的枠組みを示すこと

を目的として、言語テストにおける言語運用と具体的な場面における言語使用との関係を以下の (1)〜(3) のように説明している。

(1) 言語テストを目的とする場合、言語能力は言語使用との相互作用的枠組みにおいて考えなければならない。

(2) 言語能力の諸側面において、相互作用的側面に特化した言語使用観として、現実世界における話題に関する知識およびその話題に関連する心的枠組みというものを示すと同時に、それらが評価タスクとして特徴づけられた言語使用場面とどのように相互作用を行うかについても提示する必要がある。

(3) このような言語使用観を言語処理の作業モデルとしてではなく、言語テストの設計・開発方法として、さらにはテスト結果の適切な利用方法として提案する (p.78)。

一例として、大学におけるライティング授業のクラス編成を目的として開発されたプロジェクト1を見てみると、1) 評価対象となる言語能力は「英語を母語としない学生を対象としたライティング授業」という特定の目的に特化して定義されている、2) 文法能力、テクスト能力、社会言語学的能力を評価対象としている、3) 評価対象の言語能力と話題に関連する知識、心的枠組みとの相互作用は存在しない、したがって、4) 実際の言語使用パフォーマンスの予測や各使用文脈における言語能力の一般化は達成され、テスト得点は実際の言語使用場面における言語能力を示す指標と解釈することが可能となる。

このような例示に対してSkehan (1998) は「言語テスト開発のためのチェックリストとして機能するカテゴリーは提案されているが、言語運用そのものに関する機能的説明や評価対象となる能力と言語能力との関係が心理言語学的なメカニズムやプロセスに基づいて説明されていない (pp.163-164)」と指摘している。確かに、「言語能力」「ストラテジー能力」「話題に関する知識」等の項目設定は評価対象となる能力の定義やテスト開発を行う

上で重要であるが、Skehanが指摘する通り、そのような項目設定のみによって、テスト受験者の潜在能力と実際の言語運用を関連づけて説明することは困難と言える。すなわち、Bachmanの言語能力評価モデルは、言語処理における認知的側面への配慮に課題が残されており、両者の関連を適切に説明するためには、言語処理に関わる観点から言語能力を捉え直す必要がある。次項では、この言語能力の捉え直しを言語処理に関わる要因および言語処理の条件が与える影響との関係においてSkehanが理論化を試みたアプローチについて検討を行うことにする。

3. Skehanの言語能力評価モデル

　Skehan（1998）は、外国語の知識が脳内において言語表現を作り出す方法は言語を実際に産出する必要がある時に用いられる方法を反映すると考え、産出に使用される言語体系を記憶に基づく体系（memory-based linguistic system）と規則に基づく体系（rule-based linguistic system）に分類した。前者は、脳内の記憶システムに蓄積された汎用性の高い語彙・表現等であり、脳内における使用操作を必要としないため、迅速かつ容易に言語産出に活用することができる。発話行為における産出速度を高め、流暢さを増大する役割を果たす。これに対して、規則に基づく体系とは脳内における使用操作を必要とする抽象的な規則に関する知識で構成されており、意味の明瞭化や正確さを高める機能を持つ。記憶に基づく体系に比べ、言語処理に伴う負荷が大きく、産出に備える時間が限られている場合などは特に、この体系によるリアルタイムな応答は困難になる。

　Skehanによると、この両体系は、コミュニケーションの文脈や目的に適合するように随時使い分けられ、デュアル・モード処理（dual modes of processing）が行われていると言う。つまりそれは、時間が限られていて文脈による理解が容易な状況では記憶に基づく体系に、時間的に余裕があり発話の正確さが求められる状況では規則に基づく体系にそれぞれアクセスして

コミュニケーションが行われるという処理方式である。特に、外国語によるコミュニケーションにおいては、与えられた課題（task）に応じて記憶に基づく体系にアクセスしてコミュニケーションを行っている場合にも、規則に基づく体系によるチェックが必要となったり、また逆に規則に基づく体系にアクセスしながら記憶に基づく体系による語彙や表現の補完を行うなど、デュアル・モード処理が行われていることは明らかである。

また、Skehanは、言語運用とは図2-3に示されるように、言語の流暢さ（fluency）によって測定される「意味」と言語の正確さ（accuracy）あるいは複雑さ（complexity）によって測定される「形式」によって評価を行うべきであると主張する。流暢さとは言語の記憶および統合により、正確さとは限定的な中間言語体系の活用により、複雑さとはリスクを伴う新言語形式の試用によりそれぞれ産出される言語的特徴であり、これらの3要素は特定のタスクに対する言語運用を効果的に測定する指標となり得ると説明している。

さらに、Skehanは実証実験（Skehan, 1996; Skehan & Foster, 1997）により、流暢さ、正確さ、複雑さにおける言語運用は、限られた注意力資源の獲得競争を促し、タスクの要求内容に呼応して、これら言語的特徴のいずれかを優先した言語運用が行われる「トレードオフの関係（trade-off）」に

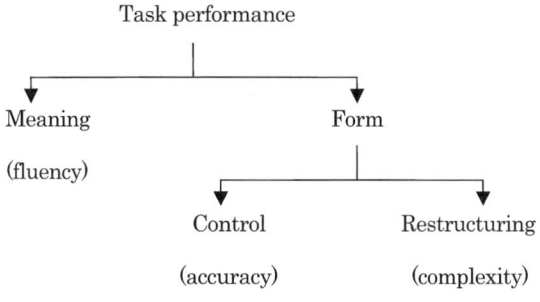

図2-3　Skehanのタスク・パフォーマンス・モデル
　　　（Ellis & Barkhuizen, 2005, p.143）

あることを証明した。そして、このトレードオフ効果が言語テスト開発に画期的な意義を与えると主張し、自らのテストにおいて測定しようとする能力（構成概念）を「活用力（ability for use）」と定義した。その上で、「言語能力（competence）と実際の言語運用（performance）との調停をつかさどる活用力の本質とは、コミュニケーションにおける諸要求を処理する能力（processing competence）である（pp.168-169）」ことに言及し、言語能力と実際の言語運用との関係性についても再定義を試みている。

　さて、これまでに見てきたように、Canale-Swainのモデルでは、評価対象となるコミュニケーション能力の理論的枠組みは示されたが、実際の言語運用との関係性が明確でなく、テスト実施時における測定方法を提示するまでには至らなかった。Bachmanのモデルでは、ストラテジー能力の再定義により、言語能力と実際の言語使用場面との関連づけを行う方途までは示されたが、言語能力をチェックリスト的に項目設定することにより、テスト受験者の潜在能力と実際の言語運用を関連づけて説明することには限界があった。これに対して、トレードオフ効果を背景とした構成概念である「活用力」は、記憶に基づく体系および規則に基づく体系が、コミュニケーションの文脈や目的に適合するように随時使い分けられるというデュアル・モード処理による理論化が可能である。つまり、この理論によれば、活用力の本質とはコミュニケーションにおける諸要求を処理する能力と再定義され、言語能力と実際の言語運用との調停が活用力によってどのように行われるかを説明することができる。より具体的には、時間が限られていて文脈による理解が容易な状況では記憶に基づく体系に、時間的に余裕があり発話の正確さが求められる状況では規則に基づく体系にそれぞれアクセスしてコミュニケーションが行われるように活用力による調停が行われるのである。Skehanは、この「活用力」という構成概念定義に基づき、受験者の言語使用を誘出するタスクを考案し、実際の言語使用に近い条件下においてそれを課すことにより、テスト実施時における測定が可能になることを示すことに成功した。

その成果として、タスクに基づくテスト法（task-based approach to testing）の妥当性を主張するに至ったのである。

4. タスクに基づくテスト法に対する批判

　Skehan（1998）はタスクに基づくテスト法を唱導するに際して、「タスクの困難度尺度」というものの存在を想定し、「潜在能力の高い受験者であれば難易度の高いタスクを達成できるであろう」という仮説を立てた（p.174）。この仮説によると、テストにおける言語運用の主要な決定要因はタスクの困難度となり、困難度の異なるタスクの存在が言語運用能力評価を行うために不可欠な前提条件となる。

　タスクの困難度を見分けるための3つの特徴としてSkehanは、タスク達成に必要となる「言語的複雑さ（code complexity）」と「認知的複雑さ（cognitive complexity）」、そして課題解決のための言語運用を行うための条件となる「伝達のストレス（communicative stress）」を提唱している。これらにより、それぞれのタスクは特徴づけられ、各タスクの困難度が決定されると説明している。

　しかし、これらの決定要因に対してBachman（2002）は、1）タスク困難度には受験者の能力による影響とテスト課題による影響が考えられるが、Skehanは両者を混同している、2）あくまでも想定に過ぎない尺度上のタスク困難度をテストにおける実際の言語運用の決定要因と位置づけていることを問題点として指摘している。

　具体的には、認知的複雑さおよび伝達のストレスには、受験者の属性とタスクの特性による相互作用が関与していることは否めず、困難度決定要因と容認することができるのは言語的複雑さのみとなる。しかし、言語的複雑さのみでは、「意味中心の活動」や「実際の言語使用に類似した活動」を伴うタスクを考案することは困難であり、事実上Skehanの提示した3特徴ではタスクの要件そのものを満たすことができなくなってしまうのである。さら

に、タスク困難度を言語運用時における諸要素から独立した要素と仮定して困難度の調節を行い、困難度に応じて尺度上に評価タスクを配置するというモデルは容認できないと批判している。

　上記の批判的見解に基づきBachman（2002）は、Skehanの提示した3特徴に対して「タスク固有の特徴」「受験者の属性」「両者の相互作用」を、テストにおける言語運用に影響を及ぼす3因子として提案している。これらの因子分類によると、例えば、言語的複雑さと伝達のストレスは言語運用に影響を与える別個の要因ではなく、言語能力や受験者の属性、タスクの特徴などによる相互作用と解釈することができる。また、各因子が実際の言語運用に与える影響を明確に区分することが可能となり、タスクの困難度についてもタスクを構成するさまざまな要素とそれらの相互作用によって決定されるという説明が成り立つ。つまり、タスクに基づくテスト法とは、Skehanが主張する言語処理に関わる条件の操作のみでは不十分であり、評価対象となる言語能力（構成概念）についても勘案する必要があるとBachmanは主張する。これがいわゆる「構成概念に基づくテスト開発」と呼ばれる手法であり、その最たる特徴はテストのデザイン・開発手順およびテスト活用の各段階において、テストを構成する評価タスクの細目と評価対象となる能力定義の両方を兼ね備えているということである（e.g., Alderson et al., 1995; Bachman & Palmer, 1996; Brown, 1996）。Bachman（2002）の言葉を借りるならば「最も有用性の高い評価とは、タスクと構成概念の両者をデザイン・開発・活用の各段階において、計画的に統合して行われる評価である（p.471）」と言える。

　ここで、これまでのSkehanとBachmanのタスクに基づくテスト法に関わる論点整理を行うことにする。まず、Bachmanが提示した構成概念の定義に含まれる言語能力、ストラテジー能力、話題に関する知識などは、テスト開発における全体的枠組みとテストにおける言語運用を解釈する基礎を与えるものとして評価することができる。しかしSkehanは、これらをリスト的

に項目設定したのでは受験者の潜在能力と実際の言語運用を関連づけて説明することができないと指摘し、この関係を説明するためには言語処理に関わる観点が必要であると主張した。このような観点から、コミュニケーションにおける諸要求を処理する「活用力」という構成概念を提示し、これにより潜在能力と言語運用の調停が行われるとした。この構成概念に基づき、受験者の言語使用を誘出するタスクを考案し、実際の言語使用に近い条件下においてそれを課すことにより、言語運用能力の測定を行うというタスクによるテスト法を提唱することとなった。

　上述のSkehanによるタスクに基づくテスト法においては、実在すると想定される困難度尺度上に配列された困難度の異なるタスクの存在が言語運用能力評価を行うために不可欠な前提条件となる。しかし、BachmanはSkehanの提示したタスクの困難度を決定する3特徴（言語的複雑さ、認知的複雑さ、伝達のストレス）ではタスクが備えるべき要件そのものを満たすことができないと批判し、「タスク固有の特徴」「受験者の属性」「両者の相互作用」をテストにおける言語運用に影響を及ぼす3因子として提案した。その主張によると、タスクの困難度とは言語運用時における独立した個々の特徴によって決定されるのではなく、受験者属性とタスクの相互作用によるものであり、それゆえタスクに基づくテスト法は、テストにおける言語運用に影響を与える言語処理に関わる条件の操作のみでは不十分であり、評価対象となる特定の言語能力に基づく構成概念の定義を行うことが必要不可欠になると述べている。こうした「構成概念に基づくテスト開発」と呼ばれる手法を背景として、Bachman（2002）はテストのデザイン・開発に関わる以下の4つの原理を提示するに至った（pp.470-471）。本研究におけるテスト開発に対しても示唆に富む内容と言える。

　（1）テスト・デザインは構成概念とタスク細目の両方に基づくこと。
　（2）評価の目的に合致するようにタスクに特徴づけを行い、そのタスクをテスト・デザインの基本とすること。

(3) 評価対象となる特定の言語能力に基づき、構成概念を定義すること。
　(4) テストにおける言語運用に関わるさまざまな情報収集方法を活用すること。

第2節　構成概念に基づく言語処理的テスト法：日本人英語学習者のためのタスクに基づくライティング・テスト

　前節における、SkehanとBachmanによる議論を通じて、タスクに基づくテスト法とはタスクに対する言語運用と構成概念の両者を考え合わせて開発を行うことが重要であることが確認された。本研究の目的に沿って、より具体的に言うならば、ライティングの言語運用能力テスト開発においては、タスクと構成概念をいかに統合するかについて検討を行うことが重要である。この点に関してBachman (2002) は「タスクについて詳述することが統合に向けての課題解決の第一歩となる (p.471)」と示唆している。そこでまず、本研究におけるタスクについて明細に述べることにする。

1. 構成概念に基づく言語処理的テスト法

　本研究におけるタスク開発においては、Skehanが提唱したテストにおける言語運用に影響を与える言語処理に関わる条件を操作することによるテスト法（processing approach to testing）およびBachmanの主唱する構成概念に基づくテスト法（construct-based approach to testing）とは、相反するテスト手法として分類されるのではなく、むしろ言語運用能力テスト実施において相互補完的に有機的に機能する評価手法と位置づけられる。具体的には、評価タスクの開発は構成概念に基づいて行い、テストにおける言語運用については言語処理に関わる条件操作を加味して実施する、言わば「構成概念に基づく言語処理的テスト法（construct-based processing approach to testing）」という考え方である。この考え方によれば、

「言語運用能力テストの開発に際しては、構成概念とタスクの両者を考慮しなければないない（Bachman, 2002）」

「言語テストのデザイン・開発・活用の手順には、評価タスクに関する詳しい説明と評価対象となる能力（構成概念）が明示されなければならない（e.g., Alderson et al., 1995; Bachman & Palmer, 1996; Brown, 1996）」

「タスクは単一の統一体ではなく、むしろ、特徴の集合体と考えるのが妥当であり（Bachman, 2002）、それらの特徴は、処理的要因の操作や処理条件の影響との関係におけるタスクに対する言語運用を考慮してデザインされるべきである（Skehan, 1998）」

といったこれまでの指摘に対して、整合性を持って対処することが可能である。さらに、Bachmanにより指弾されたSkehanの伝達ストレスなどについても、受験者の属性との相互作用については容認した上で、言語運用時の処理条件調節に有効に活用することが可能になる。次項では、構成概念に基づく言語処理的テスト法において、構成概念を顕在化させるためには評価タスクの特徴づけをどのように行うべきか、詳述することにする。

2. 評価タスクの特徴づけ

タスクの特徴づけに関わり、Bachman（2002）においては、ニーズ分析の手法を用いて言語使用域（target language use domain）の分析を行うことが有効であることが示されている。また、Bachman and Palmer（1996）にはBachman（1990）において提唱された枠組みに基づいて、評価タスクを特徴づける5つの側面（設定、テスト概説、入力、期待される応答および入力と応答の関係）が提案されている。

本研究において、構成概念に基づく言語処理的テスト法により開発を目ざしている「日本人英語学習者のためのタスクに基づくライティング・テスト（Task-Based Writing Test for Japanese Learners of English: TBWT）」に関しては、タスク実施時における言語処理的要因の操作と処理条件の影響を考慮

してタスクの特徴づけを行う必要がある。Bachman and Palmerの枠組みにおいては、特に「入力の特性」と「期待される応答の特性」が密接に関連する内容と言える。前者は、チャンネル（聴覚か、視覚か、その両方か）、形式（言語か、非言語か、その両方か）、言語（母語か、目標言語か、その両方か）、長さ（単語、句、文、パラグラフ、長い談話）、入力のタイプ（項目または指示）、速度性の度合い（入力情報を処理しなければならない速度）、伝達方法（「生」か、「再生」か、その両方か）という観点から記述される。また後者については、チャンネル・形式・言語・長さに関しては入力の特性と同様に記述されるが、応答のタイプは選択型の応答（多肢選択課題など）、発表能力限定型の応答（単一の語句や文、発話など）、発表能力拡張型の応答（2つ以上の文や発話、口頭・文書による自由作文など）という3タイプに類別される。速度性の度合いは、テスト受験者が応答を計画し、実行しなければならない時間量について記述が行われる。

　タスク実施に関わり、これらの特徴を活かして、受験者の注意力資源が適切に分配されるように処理条件の調節を行う必要がある。ここで想い起こすべきは、時間が限られていて文脈による理解が容易な状況では記憶に基づく体系に、時間的に余裕があり発話の正確さが求められる状況では規則に基づく体系にそれぞれアクセスしてコミュニケーションが行われるというSkehanのデュアル・モード処理理論（pp.18-19）である。この理論を応用し、入力の特性および期待される応答の特性に示された「速度性の度合い」を調節して受験者に異なる時間的制約を伴う処理条件を与え、それにより規則あるいは記憶に基づく体系にアクセスさせるようにタスクの特徴づけを行い、ターゲットとする言語能力を測定するというテスト法を開発することが、本研究の主目的である。

3. 構成概念の定義

　構成概念に基づく言語処理的テスト法においては、タスク実施時における言語処理的要因の操作と処理条件の影響を考慮することに加えて、TBWTの構成概念を明確に定義する必要がある。この構成概念定義に際しては、広い視野から評価対象となる言語能力を捉えて行うべきであり、本研究ではBachman and Palmer（1996）が提案している言語知識の領域（areas of language knowledge）に依拠して定義を試みることにする（表2-1）。

　しかし、すでに見た通り、表2-1のように言語能力をチェックリスト的に項目設定することにより、テスト受験者の潜在能力と実際の言語運用を関連づけて説明することには限界がある。そこで重要になるのは、タスク実施時における言語処理的要因の操作と処理条件の影響を考慮することであっ

表 2-1　言語知識の領域

構造的知識（発話や文・テキストがどのように構成されているか） 　文法的知識（個々の発話や文がどのように構成されているか） 　　語彙の知識／統語の知識／音韻・書記体系の知識 　テキストに関する知識（テキスト形成のために発話や文がどのように構成されているか） 　　結束性の知識／論理構成や会話形式の知識
語用論的知識（発話や文・テキストが言語使用者のコミュニケーション目的や言語使用場面の特徴にどのように関係づけられるか） 　機能的知識（発話や文・テキストが言語使用者のコミュニケーション目的にどのように関係づけられるか） 　　概念的機能の知識／操作的機能の知識／学習的機能の知識／想像的機能の知識 　社会言語的知識（発話や文・テキストが言語使用場面の特徴にどのように関係づけられるか） 　　方言や変種の知識／言語使用域の知識／自然な表現や慣用表現の知識／文化的指示および比喩的表現の知識

（Bachman & Palmer, 1996, p.68）

```
        ┌─────────────────────────┐
        │  デュアル・モード処理システム  │
        │  （タスクに対する言語運用）   │
        └─────────────────────────┘
              │              │
   ┌──────────────────┐  ┌──────────────────┐
   │  規則に基づく体系   │  │  記憶に基づく体系   │
   │（言語的特徴：正確さ，複雑さ）│  │（言語的特徴：流暢さ）│
   └──────────────────┘  └──────────────────┘
```

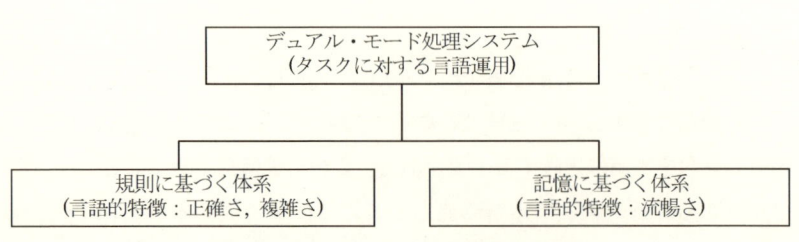

図2-4　タスクに対する言語運用の分類

た。これらを考慮した構成概念の定義を行うために、今一度Skehanによる「正確さ」「流暢さ」「複雑さ」という3種類の産出時の言語的特徴について振り返ることにする。

　図2-4には、デュアル・モード処理体系においてタスクに対する言語運用に現れる言語的特徴との関係が示されている。流暢さ、正確さ、複雑さにおけるパフォーマンスは、限られた注意力資源の獲得競争を促し、タスクの要求内容に呼応して、これら言語的特徴のいずれかを優先した言語運用が行われる「トレードオフの関係」にある。厳密には、流暢さとは言語の記憶および統合により、正確さとは限定的な中間言語体系の活用により、複雑さとはリスクを伴う新言語形式の試用によりそれぞれ産出される言語的特徴であるが、デュアル・モードによる言語処理過程においては、意味・内容を重視する「流暢さ」が記憶に基づく体系に、また言語形式を重視する「正確さ」および「複雑さ」は規則に基づく体系にそれぞれアクセスして産出が行われるというタスクに対する言語運用の分類が可能である。そこで、TBWTの構成概念の説明においては、正確さと複雑さを特に区別せずに「正確さ」という用語で定義を行うことにする。

　まず、「正確さ（Accuracy）」については規則に基づく体系への依存度が高く、その測定対象となる言語能力は、Bachman and Palmer（1996）による文法能力（grammatical competence）とテキスト能力（textual competence）によって構成される「構成能力・知識（organizational competence/knowl-

```
┌─────────────────────────────┐    ┌─────────────────────────────────┐
│ The rule-based system       │    │ Organizational knowledge        │
│  ・ Accuracy                │    │  ・ Grammatical knowledge       │
│  ・ Complexity              │    │  ・ Textual knowledge           │
└─────────────┬───────────────┘    └─────────────────────────────────┘
              │
              ▼
      ┌─────────────────────────────┐
      │ Accuracy                    │
      │  ・ Organizational skills   │
      │  ・ Linguistic accuracy     │
      └─────────────────────────────┘
```

図 2-5　Accuracy の構成概念図

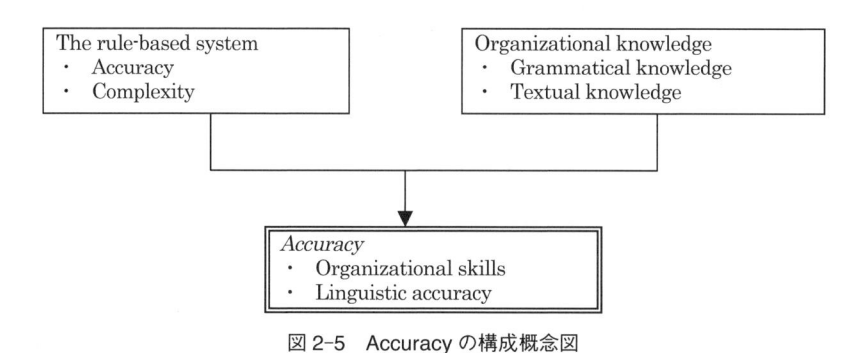

edge)」であると定義することができる（図 2-5）。文法能力とは "is involved in producing or comprehending formally accurate utterances or sentences," であり、テキスト能力は "is involved in producing or comprehending texts that consists of two or more utterances or sentences（p.68）" であるという概念に基づき、「読み手に内容を正確に把握させるために論理的に文章を書く力（文章構成力: organizational skills）」と「語彙や文法、スペル、句読法などにおける正確さ（言語的正確さ: linguistic accuracy）」を言語能力特性とする Accuracy モデルを構築した。

　次に、流暢さに関わる構成概念の定義であるが、話し言葉と書き言葉では産出に関わるプレッシャー等が異なる（Brown, 1994）、産出言語の測定方法が異なる（Ellis & Barkhuizen, 2005）などの指摘があることから、TBWT の構成概念を定義する用語として流暢さ（fluency）をそのまま用いることは、必ずしも適切ではないと判断した。そこで、TBWT の測定対象となるもう 1 つの言語能力は、記憶に基づく体系への依存度が高く、機能的能力（functional competence）と社会言語学的能力（sociolinguistic competence）によって構成される「語用論能力・知識（pragmatic competence/knowledge）」であると定義することができるので「伝わりやすさ（Communicability）」という用語が適切であると判断した（図 2-6）。

```
┌─────────────────────────────┐      ┌─────────────────────────────────┐
│ The exemplar-based system   │      │ Pragmatic knowledge             │
│  ・ Fluency                 │      │  ・ Functional knowledge        │
│                             │      │  ・ Sociolinguistic knowledge   │
└─────────────┬───────────────┘      └─────────────────────────────────┘
              │
              ▼
      ┌─────────────────────────────────┐
      │ Communicability                 │
      │  ・ Communicative quality       │
      │  ・ Communicative effect        │
      └─────────────────────────────────┘
```

図 2-6　Communicability の構成概念図

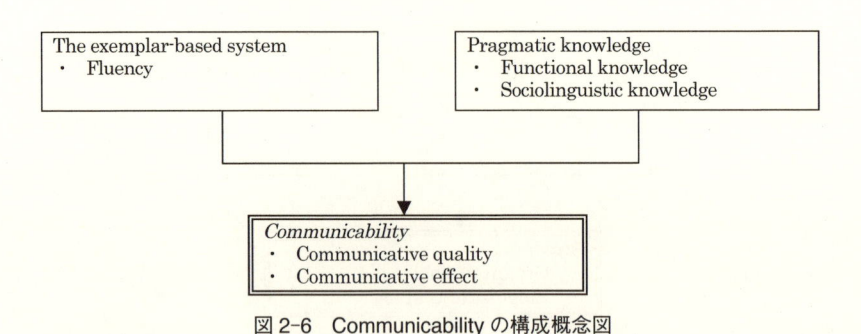

　Backman and Palmer（1996）による、機能的能力は"enables us to interpret relationship between utterances or sentences and texts and the intentions of language users,"であり、社会言語学的能力は"enables us to create or interpret language that is appropriate to a particular language use setting（p.70）"であるという概念に基づき、「書かれている内容を、読み手が支障なく、明瞭に理解することができること（伝達内容の質: communicative quality）」と「与えられた課題に対して適切かつ十分に、関連性が明確である考えを効果的に示すこと（情報伝達の効果: communicative effect）」を言語能力特性とするCommunicabilityモデルを構築した。

4. テストの実施手順

　TBWT実施に際しては、構成概念として定義された「正確さ」および「伝わりやすさ」を顕在化させる評価タスクとタスク実施時における言語処理条件の操作を、注意深く勘案して実施手順を定める必要がある。そこでまず、評価タスクと言語運用に影響を及ぼす諸要因との相互作用について考えてみることにする。
　Skehan（1998）が提示した拡張モデル（図2-7）によると、中央に配置された言語運用（Performance）は、タスクや評定者、評価基準（尺度）など、テスト実施時のさまざまな要因から影響を受けることがわかる。しか

第 2 章　先行研究の概観　*31*

```
                    ┌─────────┐
                    │  Rater  │
                    └────┬────┘
                         ↓
                ┌───────────────┐ ┐
                │ Scale criteria│ │
                └───────┬───────┘ ├─ Score
                        ↕         │
┌──────────────┐ ┌───────────────┐│
│ Interactant  │←→│  Performance ││
│ - examiner   │  └───────┬──────┘┘
│ - other      │          ↑
└──────┬───────┘  ┌───────────────┐
       ↕          │     Task      │
       │          └───┬───────┬───┘
       │              ↑       ↑
┌──────────────┐      │  ┌──────────────┐
│  Candidate   │──────┘  │Task qualities│
└──────┬───────┘         └──────────────┘
       ↑          ┌────────────────┐
┌──────────────┐  │Task conditions │
│ Ability for use│ └────────────────┘
└──────┬───────┘
       ↑
┌──────────────────┐
│Underlying competence│
└──────────────────┘
```

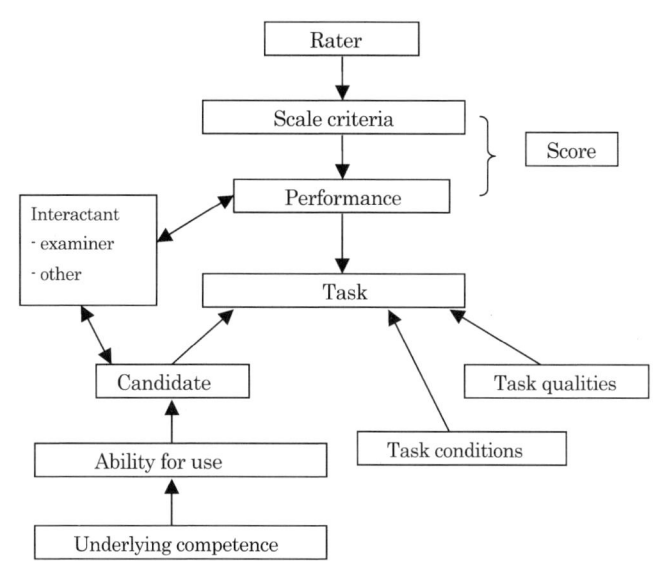

図 2-7　口頭言語運用能力テストの拡張モデル
（adapted from Skehan, 1998, p.172）

し、TBWTのようなライティング・テストの場合には、面接者などの相互作用的要因（Interactant factors）の影響については無視することができるので、TBWTの測定モデルからは除外することにした。また、図2-7のモデルにおいては、受験者の潜在能力のみならずデュアル・モード処理をつかさどる「活用力（Ability for use）」についても評価対象となる言語能力として位置づけられている。そしてこれらの言語能力は「タスクの実施条件（Task conditions）」や「タスクの質（Task qualities）」を調節してタスクに特徴づけを行い、実際の言語使用に近い条件下においてそれを課すことにより、テストにおける言語運用能力測定を行うという実施方法に依ることはすでに見た通りである。このタスクによるテスト法をベースとして、TBWTにおける「正確さ」および「伝わりやすさ」の測定モデル構築を試みることにする。

図 2-8 は、正確さの測定モデルである。評価タスク（Task for accuracy）

```
                    ┌─────────┐
                    │  Rater  │
                    └────┬────┘
                         ↓
                ┌───────────────────┐  ┐
                │ Scale for accuracy│  │
                └─────────┬─────────┘  ├ Score
                          ↓            │
                ┌───────────────────┐  │
                │    Performance    │  ┘
                └─────────┬─────────┘
                          ↓
                ┌───────────────────┐
                │ Task for accuracy │
                └───────────────────┘
                   ↑      ↑      ↑
        ┌──────────┴─┐         ┌─┴─────────────┐
        │ Candidate  │         │ Task qualities│
        └──────┬─────┘         └───────────────┘
               ↑           ┌──────────────────┐
        ┌──────┴──────┐    │ Task conditions  │
        │Rule-based   │    └──────────────────┘
        │  system     │
        └──────┬──────┘
               ↑
    ┌──────────┴──────────┐
    │Organizational       │
    │    competence       │
    └─────────────────────┘
```

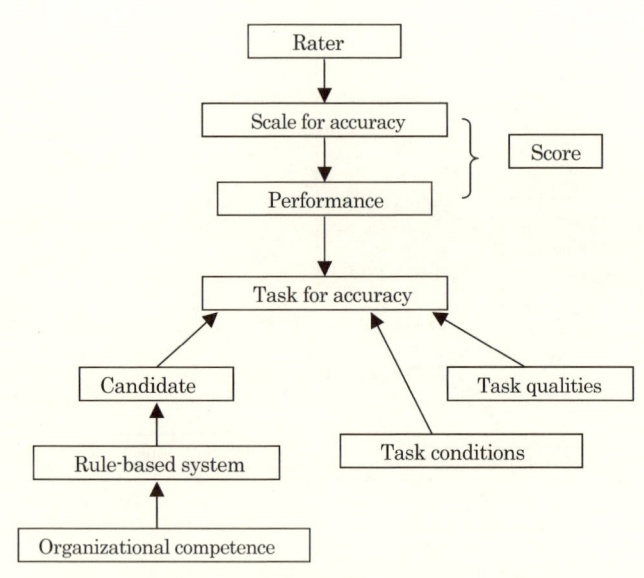

図 2-8　TBWT による言語運用能力（正確さ）の測定モデル

の質的特徴は文法構造などの言語的正確さに注意力資源が活用されるようにデザインされており、受験者は規則に基づく体系にアクセスし、構成能力によるライティングの言語運用を行うことになる。結果として、評価対象となる正確さに特化した測定が可能となる。

　同様に、与えられた課題に対して適切かつ十分に、関連性が明確である考えを効果的に示すこと（情報伝達の効果）に注意力資源が活用されるようにデザインされた評価タスク（Task for communicability）により、受験者は記憶に基づく体系にアクセスし、語用論能力によるライティングの言語運用を行うことになる。結果として、評価対象となる伝わりやすさに特化した測定が可能となる（図 2-9）。

　さらに、タスクの実施条件に関しては、Bachman にタスク困難度との関連において不適切性の指摘を受けた「伝達ストレス」が、むしろ受験者属性

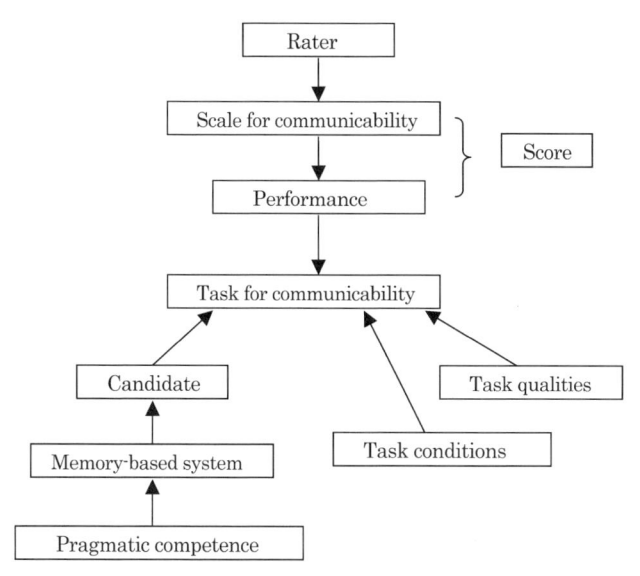

図 2-9　TBWT による言語運用能力（伝わりやすさ）の測定モデル

とタスクの相互作用を加味した処理条件の調節に有効活用できると考えられる。Skehan（1996）は伝達ストレスの具体的要因として、タスクの制限時間による「時間的圧力」、口頭あるいは筆記による「形式」、出題者からの「支援」や「意外性」、タスク活動中の「制御」そして受験者にとっての「利害関係」を提示している。これらの要因により、TBWT を構成する 2 つのタスク（Accuracy、Communicability）による言語運用の条件をどのように調節することが可能であるかを表 2-2 に示す。

　まず、時間的圧力に関しては、Accuracy タスクの場合には処理速度の遅い規則に基づく体系にアクセスさせる必要があるので時間的余裕を与える必要が、また、Communicability タスクの場合には、処理速度優先の記憶に基づく体系にアクセスさせる必要があるので、制限時間を短縮し時間的圧力を強める必要がある。また、出題者側の支援に関しては、Accuracy タスクの

表2-2 伝達ストレス要因による言語運用条件の調節

要因	Accuracyタスク	Communicabilityタスク
時間的圧力	時間的余裕を与える	時間制限を行う
形式	筆記による	筆記による
支援	内容面に関わる支援	形式面に関わる支援
意外性	関与せず	関与せず
制御	関与せず	関与せず
利害関係	形式重視	内容重視

場合には言語形式の正確さに集中させる必要があるので内容に関わる支援を与える必要が、また、Communicabilityタスクの場合には、意味・内容の適切さに集中させる必要があるので、形式面での支援が必要である。さらに、タスクの指示文等において、Accuracyタスクの場合には言語形式の正確さを重視してライティングを行うことが、また、Communicabilityタスクの場合には、意味・内容の適切さを重視してライティングを行うことが、それぞれの出題意図であることを理解させることが必要である。なお、「形式」「意外性」「制御」に関しては、TBWTにおける処理条件の調節に特段の関与は認められないと判断した。

　本章の結論として、TBWT開発の枠組みとして配慮すべき点は、下記1）～3）に要約することができる。

1）測定対象となる構成概念の明確化
　規則に基づく体系への依存度が高い「正確さ（Accuracy）」と記憶に基づく体系への依存度が高い「伝わりやすさ（Communicability）」を、「書く」領域における言語運用能力の構成概念とする。

2）言語処理要因を考慮したタスクデザインの検討
　「入力の特性（input）」と「期待される応答の特性（expected response）」の調節により、評価タスクの特徴づけを行う。

3）上記 1）および 2）を包括する評価タスクの開発と予備調査の実施

次章において、詳述する。

第3章

評価タスクと評定尺度の開発

本章では、タスクに基づくライティング・テスト（Task-Based Writing Test: TBWT）における評価タスクのデザイン・開発・活用および構成概念に基づく言語処理的テスト法における評定尺度開発の具体的手順を3段階に分けて詳述している。

第1節　開発ステージ1

ステージ1では、TBWTの構成概念であるAccuracy、Communicabilityを効率的に顕在化させるように評価タスクをデザインし、特徴づけを行う方法について記述している。

1. タスク細目

タスク細目（task specification）とは、タスクの内容と方法を細部に至るまで記載した文書である。第2章（第1節4）で見たように、Bachman（2002）はテスト・デザイン及び開発に関わる原理の1つとして、タスクと構成概念の統合を行うためにはこのタスク細目が不可欠であるという提言を行っていた。そこで、TBWT開発の第1ステージにおいても、タスク細目に基づいて実際の評価タスクのデザインを行うことにする。

Hyland（2003）は、ライティングの評価タスクをデザインする際に基本となる4要素として「説明（rubric）」「指示（prompt）」「期待される応答（expected response）」「事後評価（post-task evaluation）」を提示した。説明には、問題構成、時間配当、ライティングの課題指示などが含まれ（Bachman, 1990）、受験者が素早く、正確に課題を把握することができるように記述することが重要となる（Hyland, 2003; Weir, 2005）。また、指示とはHylandが「受験者が応答すべき刺激（p.221）」と定義しているように、受験者が実際にライティングにより回答を行う課題内容である。この指示を明確に与えることにより、テスト作成者が意図する応答を受験者から引き出すことが可能となる。TBWTのタスク・デザインにあたっては、これら4要素の内、「説明」および「指示」をタスク細目として、タスクの枠組みと具体的な内容のデザインを行うことにする。また、デザインされたタスクの適切さに関しては、『高等学校学習指導要領』および「課題特性の枠組み（Bachman & Palmer, 1996）」を用いて確認を行う。さらに、テスト課題としての明確化に際しては、タスクにより評価を行う言語能力の吟味（Hyland, 2003）、ライティング・タスクとしての有効性確認（Reid & Kroll, 1995）やタスクの認知的複雑さ（処理と熟達度）の確認（Bachman, 2002）などの方法を参考にする。

2. Accuracyタスクの枠組みと内容

　Accuracyタスクについては、第2章（第2節4）で検討を行った通り、内容面に関わる支援を与え、言語形式の正確さを重視してライティングを行わせるようにテスト実施時の言語運用の条件を調節することが肝要であった。このようなタスク・デザインを可能にする評価タスクの枠組みとして「手紙文（writing a letter）」を採用することにした。ただし、ライティング・タスクとしての手紙文についてWeigle（2002）は、受験者の「話題に関する知識」「個人的要因」「情意的要因」の影響が考えられるという指摘を行っ

表 3-1　Accuracy タスクの細目と内容

- **Rubric**: This is a test of your ability to write a coherent and grammatically correct paragraph. You will have 20 minutes to complete the test.
- **Prompt**: You are going to stay with the Parker Family in Britain this summer. Write a 100-120 word letter introducing yourself to your host family. Before writing, think of the following topics:
  - Your name and age
  - Your job and major in school
  - Your family and pet
  - Your interests and hobbies
  - Your favorite places, foods and activities
  - Your experience traveling abroad
  - Some things you want to do while you are in Britain

ている。Accuracy タスクの構成概念は「文章構成力」および「言語的正確さ」であるので、Weigle が指摘する「話題に関する知識」は測定結果に少なからぬ影響を与えることは必至である。この影響を排除して、受験者が「正確さ」に集中して課題に取り組むことができるように、自己紹介を目的とした手紙を具体的に示されたポイントに沿って書くという課題内容を与えることにした（表3-1）。さらに、イギリスにおいてホームステイを行う予定の家族宛の手紙という場面設定を行うことにより、個人的・情意的要因に起因する測定誤差が生じないように配慮した。

3. Communicability タスクの枠組みと内容

　Communicability タスクについては、形式面に関わる支援を与え、意味・内容の適切さを重視してライティングを行わせるような言語運用時の条件調節が必要となる。また、Communicability タスクの構成概念は「伝達内容の

第 3 章　評価タスクと評定尺度の開発　*39*

表 3-2　Communicability タスクの細目と内容

> ・**Rubric**: This is a test of your ability to write ideas relevant to the discussion topic without causing the reader any difficulties. You will have 10 minutes to complete the test.
> ・**Prompt**: You are going to discuss the following topic with your classmates, "Why do you study English?" In order to prepare for the discussion, think of as many answers as possible to the question and write them as "To travel abroad."

質」および「情報伝達の効果」であり、受験者の認知レベルに適合した話題やテーマによって、自分自身の意見や考えを表現させることが求められる。このような観点から、課題内容として「討議テーマ（discussion topic）」を与えることにした（表 3-2）。このタイプの課題について Littlewood（1992）は、コミュニケーションに関わる相互作用・文脈や意味・自己表現の機会を与えると述べており、Communicability を評価するタスクの枠組みとして格好の題材であると言える。さらに、表現上の言語形式（to ＋動詞）を指定することにより、形式面に関わる支援を与え、受験者が伝える内容に集中して取り組むことができるように配慮した。

4. 評価タスクの適切さ

両タスクの課題としての適切さに関しては、『高等学校学習指導要領』および「課題特性の枠組み（Bachman & Palmaer, 1996）」を用いて確認を行うことにした。前者については、英語によるコミュニケーション能力育成を図ることを目的として、前回（平成 10 年 12 月）の指導要領から明示された「言語の使用場面」や「言語の働き」の具体例との照合を行った。その結果、Accuracy タスクは、「特有の表現がよく使われる場面」の「手紙や電子メールのやりとり」と、「情報を伝える働き」の「説明する」と適合する課題内容であることが確認された。同様に、Communicability タスクについて

も、「生徒の身近な暮らしや社会での暮らしにかかわる場面」の「学校での学習や活動」と、「考えや意図を伝える働き」の「主張する」と適合する課題内容であることが確認された。

　また、後者の枠組みにおいては、「入力の特性」および「期待される応答の特性」との照合を行った。両タスクの入力特性における差違は「語用論的特徴」に認められ、Accuracyタスクの機能は「想像的な（imaginative）」であるのに対し、Communicabilityタスクのそれは「発見的な（heuristic）」である。この差違により、Accuracyタスクでは自己紹介の内容を容易に想像できるため言語形式における正確さを重視して書く活動が、またCommunicabilityタスクでは討議テーマに対する自分の意見・考えを発見的に書く活動がそれぞれ促進されると考えられる。さらに、期待される応答の特性に関しては、「長さ」「タイプ」「速度性の度合い」「言語の特性」において両者の違いが予測される。長さやタイプに関しては、Accuracyタスクが字数制限の範囲内での文レベルの応答を期待するのに対し、Communicabilityタスクは字数制限が無く、語句レベルのできるだけ多くの応答を期待する。また、言語処理条件を調節するために、Communicabilityタスクには時間的余裕が与えられないが、Accuracyタスクには一定程度の余裕が与えられ、速度性の度合いが異なっている。さらに、言語の特性に関しては、Accuracyタスクにおいては文法的に正しい文章レベルの応答が期待されるが、Communicabilityタスクにおいてはそのような言語的特性は期待されない。このように、両タスクには「課題特性の枠組み」に示された特性を意図的に操作して差違が与えられており、それぞれのタスクが評価対象とする言語能力（構成概念）の測定を高い精度で行うことができるように細目が整えられていることが確認された。

第2節　開発ステージ2

ステージ2では、TBWTの構成概念であるAccuracy、Communicabilityを顕在化させる上で最適であると考えられるライティング評価法を、現存する評価法の中から検討している。

1. 全体的評価法

ライティングの全体的な印象に基づいて評価を行う全体的評価法（holistic scoring）の代表格はTOEFL Test of Written English（TWE）である。ライティングの内容・構成・文法や語彙などを総合的に勘案し、6段階で評定を行う評価システムとなっている。評定を短時間で行うことができるので、大規模実施のライティング・テストにおける評価法の主流となっている。しかし、例えばKroll（1990）やWeigle（2002）が指摘するように、実際の評価における観点設定は個々の評定者に委ねられるため主観に頼る評定となる面があり、その結果として評定者間に評定のばらつきが生じ、信頼性が低下する危険性がある。

Cambridge First Certificate in English（FCE）についても、TWEと同じく6段階の全体的評価法を採用している。具体的な評価システムとして、内容・構成・結束性・文法や語彙に加え言語使用域と形式、読み手に与える効果などを評価の観点とする「全体的印象尺度（general impression scale）」に基づいて評定が行われる。

TWE以上に多様な受験者に対応する必要から、テスト課題も多種多様で、それぞれの課題別に評価細目が必要となる。妥当性は確保されるが、実用性の面で検討を要すると言える。

2. 分析的評価法

　全体的な印象に基づいて評価を行う全体的評価法に対して、ライティング能力を構成する特徴ごとに評定を行い、それぞれの特徴に配点を行う分析的評価法（analytic scoring）がある。この評価方法を代表するのがESL Composition Profile（Jacobs et al., 1981）である。この尺度においては、内容（30点）、言語使用（25点）、構成（20点）、語彙（20点）、句読法（5点）という配点が行われている。評定者はこれらの観点を共有して評価を行うことになるので、全体的評価法よりも信頼性の高い評価結果を得ることができる（Hamp-Lyons, 1991; Huot, 1996; Weir, 1990）。また、受験者にとっても結果の解釈が容易である。しかし、例えば評価の観点が4つ設定されていれば、それぞれの特徴に注目して同じ答案に4回も目を通す必要が生じるという実用性における課題がある。さらに、各観点における得点の合計点が、受験者の総合的なライティング能力であるとする得点解釈の妥当性に関しても問題が指摘されている。

3. 単特性評価法

　全体的評価法および分析的評価法は、現存するライティング評価法として代表的なものであるが、信頼性や妥当性、実用性の面で課題を抱えており、TBWTの評価法として最適であるとは言い難い。そこで、特定のテスト課題に特化したライティング評価法について検討を行うことにする。その1つが、単特性評価法（primary trait scoring）である。この評価法は、テスト課題によって顕在化される1つの特性に照らし合わせて、よく書けているか否かを評定者が判定を行うというものである（Hamp-Lyons, 1991）。その一例として、NAEP Scoring Guide（Lloyd-Jones, 1977）には、転覆したボート上で面白そうに飛び跳ねている5人の子どもたちの絵を見て、子どもの1人としてあるいは1人の傍観者として感情表現をするという課題により、指定された人物の立場から想像的に感情表現を行うことができているか否か

を見るという実例が示されている。この評価法によれば、評価対象となる特性が1つに絞り込まれているので評価の観点が明確であり、評定の信頼性および妥当性が担保される。しかし、特定の課題専用のガイド・ブックをテスト課題ごとに準備する必要があり、実用性に問題があると言える。

4. 多特性評価法

単特性評価法と同程度の、評定における信頼性と妥当性を担保し、さらに大規模実施ではなく教室レベルでの実用性確保を目ざして考案されたのが多特性評価法(multiple-trait scoring)である。語彙・文法力・文章力・正確さ・流暢さ・論理構成などのように、個々のテスト課題に特化しない、汎用性のある複数の特性に基づいて行う評価法である(Hamp-Lyons, 1991; Davies at al., 1999)。分析的評価法と共通性はあるが、多特性評価法の方がテスト課題とその評価対象となる構成概念との関連をより重視する(Hamp-Lyons, 1991; Hyland, 2003)。実例としてMichigan Writing Assessment(MWA)があるが、考えと議論・論理的特徴・言語使用の3特性に基づく評定尺度により評価が行われる。評定結果は分析的評価とは異なり、各特性の得点を合計せずに個別得点のまま報告が行われるので、評定の信頼性と得点解釈の妥当性は担保される。しかし、分析的評価法と同様に、同一の答案に対して複数回の評価が要求されることにもなり、実用性の面での課題は残されたままである。

5. TBWTにおける評価法

上記1～4における検討を通して明らかなことは、現存のライティング評価法には信頼性・妥当性・実用性のすべてを満たす評価システムは存在しないということである。そこで、各評価法の長所を活かすことにより、TBWTにおける評価法を考案することにした。TBWTの最たる特徴は、AccuracyおよびCommunicabilityという構成概念を顕在化させるそれぞれ

の評価タスクを考案し、評定尺度についてもAccuracyとCommunicabilityに特化してそれぞれ作成するという点にある。つまり、Accuracyタスクの評定尺度には、文章構成力と言語的正確さを評価の観点とする記述が、またCommunicabilityタスクのそれには、伝達内容の質と情報伝達の効果を観点とする記述が行われることになる。このような専用尺度方式により、評定者は1人の受験者に対して2種類（2回）の評定作業を要求されるが、各回の評定における観点は明確であり、評価タスクとその構成概念との関連性も高く、信頼性および妥当性が担保された評価システムが整えられることになる。すなわち、個々のテスト課題に特化しない、汎用性のあるAccuracyとCommunicabilityという構成概念に基づいて行うという面では多特性評価法を、評定尺度についてはAccuracyとCommunicabilityに特化してそれぞれ作成するという面では単特性評価法を採用することにより、TBWTにおける評価法を考案する。

第3節　開発ステージ3

ステージ3では、TBWTの構成概念であるAccuracy、Communicabilityの定義に適合すると考えられる記述子を主要なライティング評価尺度から抽出し、構成概念ごとに分類・整理統合して、具体的な評価尺度の作成を行っている。

1. 評定尺度の類別

Alderson（1991）は、言語テストにおいて使用される評定尺度の3分類を提案している。1つ目は、テスト使用者志向尺度（user-oriented scales）である。この尺度には、例えば雇用者などに、受験者が仕事や社会生活で使える英語力をどの程度持っているかを告知する記述が行われる。2つ目は、テスト作成者志向尺度（constructor-oriented scales）である。この尺度に

は、受験者が各レベルにおいて行うことのできる能力記述文（Can-Do statements）があり、テスト作成に役立つ情報が提供される。3つ目は、評価者志向尺度（assessor-oriented scales）である。この尺度には、各レベルの受験者に見られるパフォーマンスの質に関する記述文があり、評定者が受験者の直接的な評価を行う場合に適している。

　TBWT開発の目的は、日本人英語教師が学校教育現場で活用することのできるライティングの言語運用能力テストを提供することである。したがって、TBWTの評定尺度とは、評定を担当する教師が日常的に直接指導を行っている生徒たちが書いたライティング・サンプルと評定尺度の記述子を照らし合わせて評価を行うという作業形態において使用されることを前提とする必要がある。このように評定者と受験者のライティング評価との関わりが大きい評定作業においては、評価者志向尺度が求められることになり、以後の開発プロセスにおいてもこのタイプの評定尺度作成を目ざすことにする。

2. 評定尺度の記述子

　TBWTの評定尺度を記述する上で、第2章（第1節2）で詳述したBachmanの言語能力評価モデルが、評価対象となる「正確さ」「伝わりやすさ」それぞれにおける言語運用の質的記述の基盤となる。まず、「正確さ」の言語能力特性は、文章構成力と言語的正確さであり、前者はBachman and Palmer（1996）によるテキスト能力を、後者は文法能力をその基底とする。具体的には、テキスト能力は文章の結束性、構成を処理する能力であり、文法能力は語彙、語形、統語、音韻・書記体系の処理を行う。これらの構成要素を参考にして、前節の「開発ステージ2」で検討を行ったライティングの評定尺度から、正確さに該当する記述子を抽出し、分類・整理を行った結果を表3-3に示す。

　次に、「伝わりやすさ」については、伝達内容の質と情報伝達の効果を言語能力として、前者は機能的能力を、後者は社会言語学的能力をそれぞれ基底

表 3-3 「正確さ」に該当する記述子

The essay
- is well organized and well developed (TWE: Organizational skills)
- shows strong rhetorical control and is well managed (MWA: Organizational skills)
- has clear organization with a variety of linking devices (FCE: Organizational skills)
- demonstrates appropriate word choice though it may have occasional errors (TWE: Linguistic accuracy)
- has few errors of agreement, tense, number, word order/function, articles pronouns, prepositions (ESL: Linguistic Accuracy)
- has few errors of spelling, punctuation, capitalization, and paragraphing (ESL: Linguistic accuracy)

表 3-4 「伝わりやすさ」に該当する記述子

The essay
- displays consistent facility in use of the language (TWE: Communicative quality)
- contains well-chosen grammatical structures and vocabulary to express the ideas and carry out intentions (MWA: Communicative quality)
- effectively addresses the writing task (TWE: Communicative effect)
- has a very positive effect on the target reader with adequately organized relevant ideas (FCE: Communicative effect)

としている。機能的能力は、概念的・操作的・学習的・想像的機能の知識に関わる処理を、社会言語学的能力は言語・変種・使用域、慣用表現、文化、比喩の知識に関わる処理を行う。これらの構成要素を参考にして、伝わりやすさに該当する記述子を抽出し、分類・整理を行った結果を表3-4に示す。

3. 評定尺度のカテゴリー数

大規模実施を想定したTOEFLやFCEなどは、6件法の評定カテゴリーを採用している。しかし、TBWTは日本の学校現場における活用を前提としており、いわゆる5段階評価が浸透している状況をふまえると、5件法の評定尺度が妥当ではないかと考えられる。また、尺度の信頼性という面からは、Bachman and Palmer（1996）は3カテゴリー以上、Pollitt（1990）は5カテゴリー以上をそれぞれ推奨している。総合的に検討を行った結果、尺度の信頼性を重視する立場から、評定尺度のカテゴリー数は「6」とすることにした。

TBWTの評定者尺度は、Accuracy、Communicabilityのタスクそれぞれについて構成概念に特化した尺度が提供されるので、各タスクの評定は専用尺度による全体的評価法によって行うことができる。しかし、前節で指摘した通り、全体的評価法の場合、あるカテゴリーの評価基準に到達している部分と到達していない部分を合わせ持つサンプルの評定を行うことが困難となる。この点に関してHyland（2003）は「B−」「C＋」といったサブ・カテゴリー設定が有効であるという提案を行っており、十分な評定者トレーニングの機会確保が困難な日本の学校の現場教師たちにとって、このような柔軟なカテゴリーを持つ評定尺度は利便性が高いものと考えられる。そこで具体的には、6段階を「A」、4段階を「B」、2段階を「C」とする3件法尺度を作成し、6段階と4段階の中間（5）と評定されるサンプルを「B＋」、4段階と2段階の中間（3）と評定されるサンプルを「B−」そして2段階未満（1）を「D」とする6件法尺度（A, B＋, B, B−, C, D）に拡張するという手続

きに依ることにした。また、評定尺度の最終決定には予備調査（pre-testing）を行うことが必要であるという指摘（Weigle, 2002）に基づき、予備調査を実施することにした。

第4節　予備調査

　TBWTの評価タスクおよび評定尺度の信頼性検証を目的として、予備調査を実施した。調査は2007年12月から2008年1月に、5名の現職高校教師を対象として行った。本章でデザインおよび開発を行った2種類の評価タスクと6件法の評定尺度を用いた。評定結果の分析にあたっては、FACETSソフトウェア（Linacre, 2008）を用いた。

1. 研究目的
　　1）TBWTに関連する要因（評定者、被験者能力、タスク）が、相互に影響し合う度合いについて分析を行う。
　　2）評価タスクおよび評定尺度の信頼性について検証する。

2. 研究方法
 1）評価対象データの収集
　　A大学教育人間科学部1年生（15名）を対象とした「共通科目・英語B」の後期（2006年10月）第1回目の授業において、オリエンテーションに引き続き2種類の評価タスクを課した。辞書の使用は認めず、前者のタスクが20分、後者が10分という制限時間内に書かれた解答を収集し、マイクロソフトWordに入力し、プリントアウトしたものを評価対象のデータとした。

2) 分析データの収集

2007年12月に、東京都・埼玉県・長野県・山梨県の公立高校において英語科を担当している5名の現職教師から研究協力が得られ、15名分の評価対象データおよび『評定の手引き（初版）』（付録p.156）を郵送し、2008年1月末日までに評定作業を行うように依頼した。具体的な作業内容として、(1) Accuracyタスクの内容確認とAccuracyタスク評価基準による評定、(2) Communicabilityタスクの内容確認とCommunicabilityタスク評価基準による評定、(3) 全体的印象に基づく総合評価、(4) タスク1・2の評価基準に対する評価、を手順説明書により提示した。

3) 分析方法

本研究ではFACETS, Version 3.63プログラムを使用して、タスクに基づくライティング・テストを実施する際に相互に影響し合う種々の要因（facets）が相互に影響し合う度合いについて分析を行う。FACETSによる分析（以後、FACETS分析と呼ぶ）では、すべてのファセットが同時に分析され、結果は同一間隔のlog尺度上に表示される。具体的なファセットとして想定した「評定者」「受験者能力」「タスク」のそれぞれについて標準誤差（standard error）とフィット統計（fit statistics）が算出され、各ファセットが予測モデルに適合しているかどうかを確認することができる。また、分離指数（separation index）や信頼性指数（reliability index）なども検出されるので、これらの数値に基づいて評価タスクや評定尺度の信頼性についての検討を行うことが可能である。なお、今回の調査におけるタスクの評定は「Accuracyタスク評価基準」「Communicabilityタスク評価基準」「全体的印象に基づく総合評価」という3種類の、それぞれ6つのカテゴリーを持つ評定尺度によって行われるので、部分採点モデル（partial-credit model）を利用して項目反応の分析を行う。

表3-5 評定者の厳しさ

評定者	厳しさ	誤差	Infit
5	0.76	0.22	1.44
4	0.03	0.21	0.77
3	-0.05	0.21	0.83
1	-0.35	0.21	0.94
2	-1.03	0.21	0.73
M	-0.13	0.21	0.94
SD	0.58	0.00	0.26

3. 分析結果

1) 評定者について

表3-5は今回の5名の評定者の厳しさの度合いを示している。評定者5が最も厳しく、評定者2が最も厳しさの度合いがゆるやかである。「Infit」は各評定者の評定一貫性を表し、5名のInfit数値はすべて平均（M = 0.94）より標準偏差（SD = 0.26）の2倍値の範囲内（$M - 2SD <$ Infit $< M + 2SD$）であり、評価者全員が一貫した評定を行ったことがわかる。しかし評定者の厳しさに関しては同等ではなかった（信頼性指数0.89、$x^2 (4) = 37.6, p = .00$）。

2) タスクの難易度について

AccuracyタスクとCommunicabilityタスクの分離指数は0.73、信頼性指数は0.35であった。これらの数値より、両タスクの違い（variance）は誤差の範囲内であり、難易度に有意差はなかったことがわかった（$x^2(1) = 1.5, p = .21$）。

3) 評価タスクの信頼性

表3-6は、評定者と評価タスクとのバイアス分析を行った結果である。Accuracyタスク（A）については評定者1、4、5がCommunicabilityタスク（C）については評定者2、3がそれぞれ厳しい評価を行った傾向が見られるが、z得点（z-score）は「有意でないバイアス（$-2 < z < +2$）」の範囲内にあり、各評定者は両タスクに対して独自の評価バイアスを持たずに評定を行うことができたことが確認された。また、評定結果において評定者間の評定が一致した割合が34.6%であり、この数値は期待値（35.6%）には

表3-6 評定者と評価タスクとのバイアス分析

評定者	測定値	期待値	差	バイアス	z得点
1 (A)	47	47.7	-.05	-.08	-.24
2 (A)	55	53.9	.08	.12	.35
3 (A)	50	46.2	.27	.43	1.29
4 (A)	41	44.7	-.27	-.47	-1.28
5 (A)	41	41.7	-.03	-.05	-.13
1 (C)	52	51.2	.06	.09	.27
2 (C)	56	56.9	-.06	-.11	-.31
3 (C)	46	49.7	-.27	-.44	-1.28
4 (C)	52	48.3	.27	.44	1.28
5 (C)	45	44.7	.02	.04	.11

及ばなかったものの、各評定者が"independent experts"として評価を行うことができたことを意味している。

4) 評定尺度の信頼性

　タスク1およびタスク2の評定値についてクロンバックα信頼性係数を算出したところそれぞれ0.9349、0.9466となり、妥当な評定尺度とみなすための規準と言われる0.8以上となった。5名の評価者の評定平均値は、Accuracyタスクが3.1～4.1、Communicabilityタスクが3.4～4.1のレンジにあり、特定の評価者による評定を除いたときのクロンバックα信頼性係数の値に大きな変化は見られなかった。つまりこれらの結果から、2種類の評定尺度は目的とする言語能力特性に照らし合わせて設定された評価基準により、一定の信頼性を充足

表3-7　Accuracy 尺度の分析

評定	度数	%	STEP	Outfit
1	4	6		.4
2	15	21	-3.99	.9
3	22	31	-1.26	.9
4	16	23	.82	1.2
5	8	11	2.06	.6
6	5	7	2.37	1.2

表3-8 Communicability尺度の分析

評定	度数	%	STEP	Outfit
1	3	4		1.6
2	17	24	-4.25	.7
3	14	20	-.60	1.0
4	13	19	.52	.7
5	18	26	1.06	.7
6	5	7	3.28	1.3

する測定結果を引き出すことができたことがわかった。

次に、それぞれの尺度の等間隔性については表3-7・3-8に示す結果となった。

Linacre（2002）は、評定尺度のガイドラインとして、1）Outfit数値は2.0以下、2）STEP（Step difficulty）の差は1.4ロジット以上、5.0ロジット以下が望ましいとしている。Outfit数値に関しては、Accuracyタスクの評定尺度およびCommunicabilityタスクの評定尺度ともに、この数値基準を満たしている。しかし、Step difficultyの差に関しては、タスク1の評定尺度における4→5（1.24）と5→6（0.29）が、タスク2の評定尺度における3→4（1.12）と4→5（0.54）が、数値基準を満たしていないことがわかった。

本予備調査の結論として、（1）各評定者はタスクに対して独自の評価バイアスを持たずに一貫した評定を行うことができた、（2）それぞれの評定尺度には内的一貫性があり、一定の信頼性があることが確認された、（3）尺度の等間隔性には課題が残され、6段階から5段階の尺度に改訂する必要があることが示唆された。

第4章

評定尺度の改訂

　本章では、予備調査における分析結果に基づき、2つの評定カテゴリー結合パターンを設定して行った評定尺度の改訂作業について詳述している。また、評定尺度の改訂と合わせて行った『評定の手引き（TBWT Scoring Guide）』改訂版作成に関する解説も行っている。

第1節　評定尺度の改訂作業

　予備調査結果において、Accuracy、Communicabilityそれぞれの尺度の等間隔性には課題が残され、6段階から5段階の尺度に改訂する必要があることが示唆された。そこで、2つの評定カテゴリー結合パターンを設定して、6段階から5段階の尺度に改訂するために行った作業の具体的内容について述べる。

1．改訂の作業手順

　評定カテゴリーの結合パターン1として、まずAccuracy尺度の評定カテゴリー5および6の結合とCommunicability尺度のカテゴリー3および4の結合を行う。次に、カテゴリー結合後のデータをFACETS分析にかけ、分析結果を評定尺度ガイドラインの基準値［1）Outfit数値は2.0以下、2）

STEP（Step difficulty）の差は1.4ロジット以上、5.0ロジット以下（Linacre, 2002）］、に照らし合わせる。さらに、結合パターン2として、Accuracy尺度の評定カテゴリー5および6の結合とCommunicability尺度のカテゴリー4および5の結合を行う。パターン1と同内容の作業後、改訂されたそれぞれの評定尺度の適切性について最終判定を行う。

2. 結合パターン1

　表4-1は、改訂作業の第1段階としてAccuracy尺度の評定カテゴリー5および6の結合を行った結果を示している。各レベルの受験者のライティング能力平均値にあたる「Average Measure」は、カテゴリーが1→5と進むにつれて値が大きくなっており、能力平均値とカテゴリーの一致が見られる。ガイドライン基準値の1つとして示された「Outfit」はいずれも2.0以下となっており基準に適合している。しかし、もう1つの基準値であるSTEP（Step difficulty）に関しては、概ね1.4ロジット以上、5.0ロジット以下のレンジにあるが、カテゴリー4（1.60）および5（2.63）の差が1.03となってしまい、適合しないという結果になった。

　Accuracy尺度のカテゴリー確率曲線（図4-1）を見ると、相対的に能力尺度上の位置が低い受験者はカテゴリー1に分類される確率が高く、能力尺度上の位置が高くなるにつれて、受験者は上位カテゴリーに分類される確率が高くなっていることがわかる。また、小山の連なりのような形状であることから、能力情報とカテゴリーの一致および尺度としての適切性が認められる（Linacre, 1999; Tyndall & Kenyon, 1995）。ただし、カテゴリー4に関しては小山のピークが見分けにくい状態にあり、カテゴリー5との等間隔性が必ずしも十分でないことがわかる。

　表4-2は、Communicability尺度の評定カテゴリー3および4の結合を行った結果を示している。「Average Measure」は、カテゴリーが進むにつれて値が大きくなっており、能力平均値とカテゴリーの一致が見られる。

第4章 評定尺度の改訂 55

表 4-1 カテゴリー結合後の Accuracy 尺度

Category Score	Average Measure	Outfit (mean square)	STEP
1 (4)	-3.96	.4	
2 (15)	-1.09	.8	-3.54
3 (22)	0.66	1.0	-0.69
4 (16)	1.71	1.2	1.60
5 (13)	2.97	0.9	2.63

注) 括弧内の数字はカテゴリーごとの度数を表す。

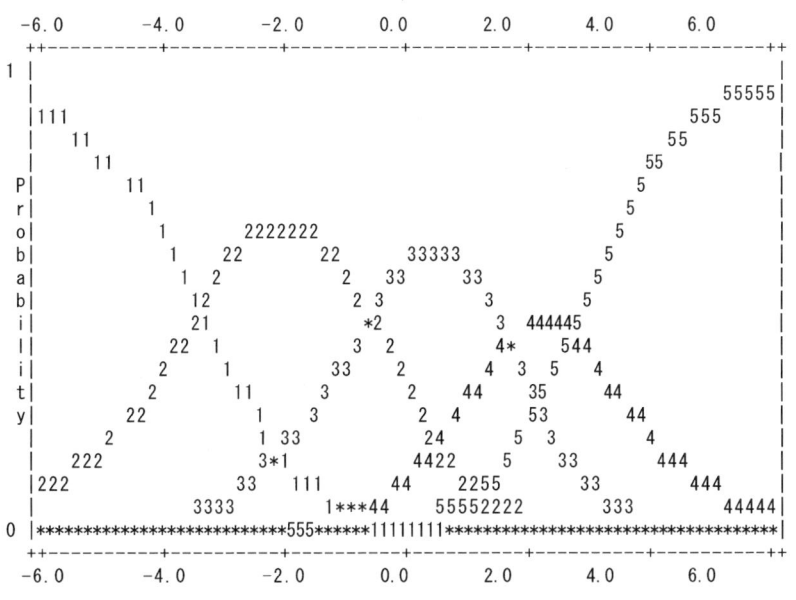

```
        -6.0       -4.0       -2.0        0.0        2.0        4.0        6.0
       ++----------+----------+----------+----------+----------+----------++
     1 |                                                                    |
       |                                                            55555|
       |111                                                          555   |
       |   11                                                         55    |
       |     11                                                        55    |
     P |      11                                                        5     |
     r |        1                                                        5     |
     o |         1      2222222                                           5     |
     b |          1    22      22         33333                            5     |
     a |           1  2          2      33     33                           5     |
     b |           12             2 3          3                             5     |
     i |           21              *2            3     444445                      |
       |          22  1              3  2          4*      544                     |
     i |          2    1              33   2       4 3 5    4                      |
     t |         2    11               3      2    44      35      44              |
     y |        22      1              3        2  4       53      44              |
       |       2        1 33                     24      5  3         4             |
       |      222         3*1                      4422    5    33       444         |
       |222              33    111         44         2255       33         444      |
       |              3333              1***44    55552222        333        44444|
     0 |**********************555******1111111*********************************|
       ++----------+----------+----------+----------+----------+----------++
        -6.0       -4.0       -2.0        0.0        2.0        4.0        6.0
```

図 4-1 Accuracy 尺度のカテゴリー確率曲線

表 4-2　カテゴリー結合後の Communicability 尺度

Category Score	Average Measure	Outfit (mean square)	STEP
1 (3)	-3.00	1.5	
2 (17)	-2.03	.7	-4.42
3 (28)	0.73	.9	- .99
4 (17)	2.06	.8	1.80
5 (5)	2.23	1.6	3.61

注）括弧内の数字はカテゴリーごとの度数を表す。

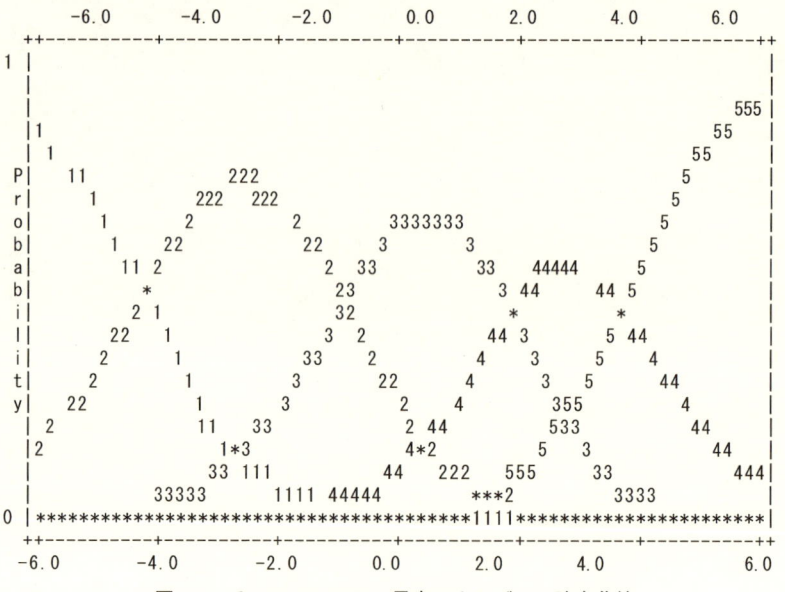

```
              -6.0       -4.0       -2.0        0.0        2.0        4.0        6.0
            ++----------+----------+----------+----------+----------+----------++
         1 |                                                                     |
           |                                                                     |
           |                                                                 555 |
           |1                                                                 55 |
           | 1                                                                55 |
         P |   11             222                                              5 |
         r |    1         222    222                                           5 |
         o |     1      2           2        3333333                           5 |
         b |      1    22          22      3         3                         5 |
         a |      11  2           2   33          33    44444                5  |
         b |       *             23            3  44      44 5                  |
         i |      2 1            32              *           *                  |
           |     22    1        3  2            44 3       5 44                 |
         i |    2       1     33    2          4    3     5    4                |
         t |   2         1   3       22      4       3   5      44              |
         y | 22           1 3          2   4          355        4              |
           | 2            11 33         2 44          533         44            |
           |2             1*3           4*2          5   3          44          |
           |             33 111         44  222   555     33          444       |
           |            33333       1111   44444     ***2      3333             |
         0 |*****************************************1111*********************|
            ++----------+----------+----------+----------+----------+----------++
              -6.0       -4.0       -2.0        0.0        2.0        4.0        6.0
```

図 4-2　Communicability 尺度のカテゴリー確率曲線

「Outfit」はいずれも2.0以下となっており基準に適合している。もう1つの基準値であるSTEP（Step difficulty）に関しても、すべて1.4ロジット以上、5.0ロジット以下のレンジにあり、基準に適合している。また、Communicability尺度のカテゴリー確率曲線（図4-2）に関しても、小山の連なりのような形状でそれぞれのピークも明確であり、能力情報とカテゴリーの一致および尺度としての適切性が認められるという結果になった。

3. 結合パターン2

表4-3は、改訂作業の第2段階としてAccuracy尺度の評定カテゴリー5および6の結合を行った結果を示している。「Average Measure」は、カテゴリーが進むにつれて値が大きくなっており、能力平均値とカテゴリーの一致が見られる。ガイドライン基準値の1つとして示されたOutfit数値はいずれも2.0以下となっており基準に適合している。しかし、もう1つの基準値であるSTEP（Step difficulty）に関しては、概ね1.4ロジット以上、5.0ロジット以下のレンジにあるが、カテゴリー4（1.65）および5（2.75）の差が1.10となってしまい、結合パターン1と同様に適合しないという結果になった。

結合パターン2におけるAccuracy尺度のカテゴリー確率曲線（図4-3）においても、カテゴリー4に関しては小山のピークが見分けにくい状態にあり、カテゴリー5との等間隔性が必ずしも十分でないことがわかる。

表4-4は、Communicability尺度の評定カテゴリー4および5の結合を行った結果を示している。「Average Measure」は、カテゴリーが進むにつれて値が大きくなっており、能力平均値とカテゴリーの一致が見られる。「Outfit」はいずれも2.0以下となっており基準に適合している。しかし、結合パターン1とは異なり、もう1つの基準値であるSTEP（Step difficulty）に関して、カテゴリー3（-0.39）および4（0.34）の差が0.73となってしまい、基準に適合しないという結果になった。

Communicability尺度のカテゴリー確率曲線（図4-4）に関しても、カテ

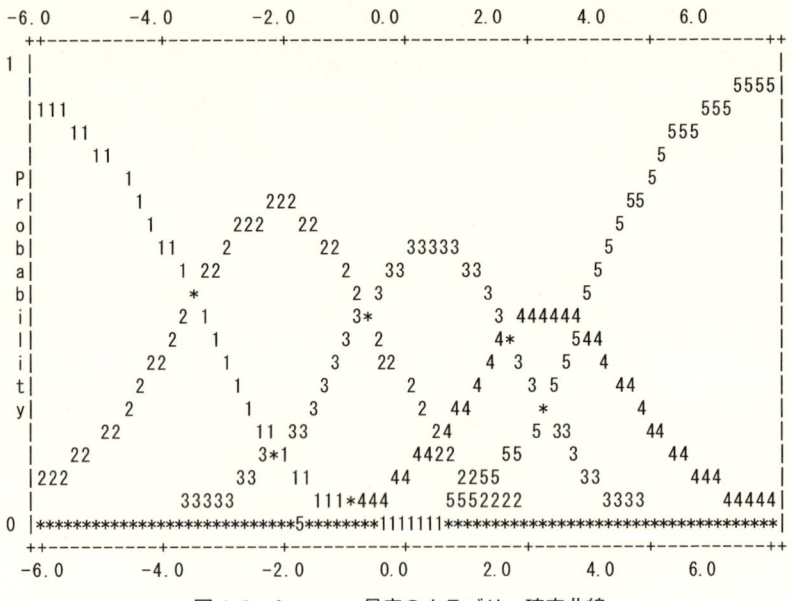

表 4-3　カテゴリー結合後の Accuracy 尺度

Category Score	Average Measure	Outfit (mean square)	STEP
1 (4)	-4.10	.4	
2 (15)	-1.16	.9	-3.66
3 (22)	0.63	.9	-0.74
4 (16)	1.80	1.2	1.65
5 (13)	3.11	.8	2.75

注) 括弧内の数字はカテゴリーごとの度数を表す.

```
         -6.0       -4.0       -2.0        0.0        2.0        4.0        6.0
        ++----------+----------+----------+----------+----------+----------+----++
      1 |                                                                        |
        |                                                                    5555|
        | 111                                                             555    |
        |   11                                                          555      |
        |    11                                                        5         |
      P |     1                                                       5          |
      r |      1              222                                    55          |
      o |       1          222   22                                 5            |
      b |        11      2         22      33333                   5             |
      a |         1 22  2           2  33     33                  5              |
      b |            *               2 3       3         5                       |
      i |           2 1             3*  2        3 444444                        |
        |          2              3   2           4*     544                     |
      i |         22     1        3   22          4  3  5  4                     |
      t |        2        1        3              2   4  3 5       44            |
      y |       2          1    3             2    44    *          4            |
        |       22           11 33          24          5 33           44        |
        | 22                  3*1          44   4422  55    3            44      |
        |222                     33   11     44     2255         33        444   |
        |             33333           111*444      5552222          3333     44444|
      0 |****************************5********1111111***********************************|
        ++----------+----------+----------+----------+----------+----------+----++
         -6.0       -4.0       -2.0        0.0        2.0        4.0        6.0
```

図 4-3　Accuracy 尺度のカテゴリー確率曲線

第 4 章　評定尺度の改訂　59

表 4-4　カテゴリー結合後の Communicability 尺度

Category Score	Average Measure	Outfit (mean square)	STEP
1 (3)	-2.90	1.5	
2 (17)	-1.88	.6	-4.30
3 (14)	0.52	1.1	- .39
4 (31)	2.04	.7	0.34
5 (5)	2.51	1.2	4.36

注）括弧内の数字はカテゴリーごとの度数を表す。

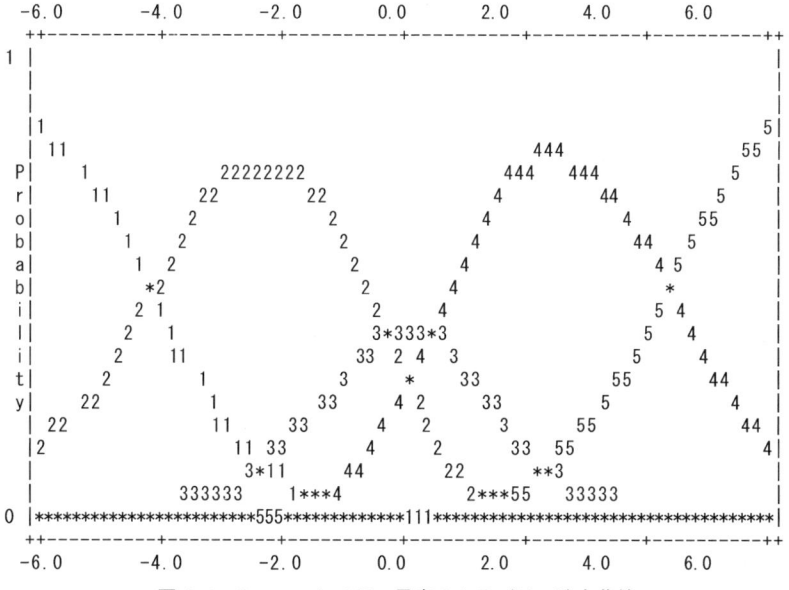

```
            -6.0       -4.0       -2.0        0.0        2.0        4.0        6.0
           ++---------+---------+---------+---------+---------+---------+---------++
         1 |                                                                       |
           |                                                                       |
           |                                                                       |
           |1                                                            5|
           | 11                                         444             55 |
         P |    1                  22222222             444   444        5   |
         r | 11            22        22               4          44       5     |
         o |   1      2             2               4              4    55      |
         b |    1    2             2               4                44    5     |
         a |     1  2             2               4                  4 5        |
         b |      *2             2               4                   *          |
         i |      2 1           2               4                   5 4         |
         | |       2  1        3*333*3                             5   4        |
         i |       2   11      33  2 4   3                        5     4       |
         t |      2     1       3     *    33                    55     44      |
         y |    22       1      33     4 2    33                5         4     |
           | 22          11   33        4  2     3            55           44   |
           |2           11 33          4    2       33  55                   4  |
           |            3*11     44         22        **3                       |
           |            333333  1***4             2***55    33333                |
         0 |*****************555**************111*********************************|
           ++---------+---------+---------+---------+---------+---------+---------++
            -6.0       -4.0       -2.0        0.0        2.0        4.0        6.0
```

図 4-4　Communicability 尺度のカテゴリー確率曲線

ゴリー2や4を選ぶ範囲が広いのでカテゴリー3の小山のピークが非常に見分けにくくなっており、3に関する情報が極端に少なくなっていることがわかる。

上記の結果から、結合パターン1による5段階尺度はAccuracy尺度の等間隔性に課題はあるが、Communicability尺度に関しては評定尺度ガイドラインの基準値に完全に適合していることがわかった。これに対し、結合パターン2による尺度はAccuracy、Communicability共に課題があるという結果になったので、パターン1による評定尺度を、TBWTの尺度として以後の開発を進めることにした。

第2節 『評定の手引き（TBWT Scoring Guide）』改訂版の作成

2つの評定カテゴリー結合パターンを設定して、評定尺度の改訂作業を行った結果、概ね基準に適合する5段階の新尺度を開発することができた。この尺度の精度をより高めるために行われた、『評定の手引き（改訂版）』作成作業の内、特に評定尺度の修正作業および各評定カテゴリーに対応するサンプルの抽出作業について述べる。

1. 評定尺度の修正

評定尺度に関しては、『評定の手引き』のセクション4において解説が行われている。予備調査時に評定者に配付された手引きにおける評定尺度の説明内容は後掲の通りである（詳細に関しては付録pp.160-162参照）。

各評価基準には、「正確さ」および「伝わりやすさ」の特性に関する記述はみられるが、その下位概念についての説明が必ずしも明確とは言えないので、評定尺度修正に関わる第1の作業として、「評価対象となる言語能力特性」の記述方法を改めることにした。具体的には、構成概念の定義に基づいて、正確さの評定カテゴリーにおける記述子を「文章構成力」と「言語的正

\multicolumn{2}{l}{1. Accuracy タスクの評価基準}
\multicolumn{2}{l}{評価対象となる言語能力特性：Accuracy（grammar, organization, vocabulary, rhetoric など、言語の形式的側面における運用能力の正確さ）}
A(6)	・文章の構成および展開がうまくできている ・論理展開の方法が適切で説得力がある ・部分的に誤りはあるが、語彙使用が適切である ・主語と動詞の一致、時制、単数・複数、語順および語法、冠詞、代名詞、前置詞の使用にほとんど誤りがない ・スペル、句読法、大文字使用、段落分けの仕方にほとんど誤りがない
B＋(5)	AとBの中間的なレベルである
B(4)	・文章の構成および展開ができている ・論理展開の方法が概ね適切で全体的に理解できる ・語彙使用が不適切で部分的に意味がわかりにくくなっているところがある ・主語と動詞の一致、時制、単数・複数、語順および語法、冠詞、代名詞、前置詞の使用にやや誤りがある ・スペル、句読法、大文字使用、段落分けの仕方にやや誤りがある
B－(3)	BとCの中間的なレベルである
C(2)	・文章の構成および展開が不十分である ・論理展開の方法が不適切で理解しにくい ・語彙使用が明らかに不適切で、意味を取り違えたり、意味がわかりにくいところがある ・主語と動詞の一致、時制、単数・複数、語順および語法、冠詞、代名詞、前置詞の使用に誤りが多い ・スペル、句読法、大文字使用、段落分けの仕方に誤りが多い
D(1)	Cのレベルに達していない

2. Communicability タスクの評価基準	
評価対象となる言語能力特性：Communicability（意味・内容の伝達を重視し、言語による効率的な情報伝達を行うことのできる能力）	
A(6)	・与えられた課題に対してそつ無く回答している ・読み手に対して非常に明瞭に内容が伝わる ・言語使用能力が確かなものであることがわかる ・自分の考えを表現したり、意図を伝えることのできるすぐれた語彙力がある
B＋(5)	AとBの中間的なレベルである
B(4)	・与えられた課題に対して部分的に回答している ・読み手に対して十分に内容が伝わる ・十分な言語使用能力があるが、不確かに思われるところもある ・自分の考えや意味を十分に伝えることのできる語彙力がある
B－(3)	BとCの中間的なレベルである
C(2)	・与えられた課題のごく一部について回答している ・読み手に対して十分に内容が伝わらない ・言語使用能力が不足している ・語彙力の不足があり、自分の考えや意味を十分に伝えることができない
D(1)	Cのレベルに達していない

確さ」に分類し、それぞれの概念説明も書き加えることにした（表4-5）。

　同様に、伝わりやすさの評定カテゴリーにおける記述子については「伝達内容の質」と「情報伝達の効果」に分類し、それぞれの概念説明も書き加えた（表4-6）。

　第2の作業は、評定尺度を6段階から5段階に改めることである。6段階尺度の基本的な考え方は、現場教師の尺度活用のしやすさに配慮して、レベ

第 4 章 評定尺度の改訂

表 4-5　Accuracy の評価基準

評価対象となる言語能力特性：Accuracy（grammar, organization, vocabulary, rhetoric など、言語の形式的側面における運用能力の正確さ）	
文章構成力（Organizational skills）：読み手に内容を正確に把握させるために論理的に文章を組み立てる力	言語的正確さ（Linguistic accuracy）：語彙や文法、スペル、句読法などにおける誤り
・文章の構成および展開がうまくできている ・論理展開の方法が適切で説得力がある ・さまざまな連結詞の使用により、文章構成が明確である	・部分的に誤りはあるが、語彙使用が適切である ・主語と動詞の一致、時制、単数・複数、語順および語法、冠詞、代名詞、前置詞の使用にほとんど誤りがない ・スペル、句読法、大文字使用、段落分けの仕方にほとんど誤りがない

表 4-6　Communicability の評価基準

評価対象となる言語能力特性：Communicability（意味・内容の伝達を重視し、言語による効率的な情報伝達を行うことのできる能力）	
伝達内容の質（Communicative quality）：書かれている内容を、読み手が支障なく、明瞭に理解することができる	情報伝達の効果（Communicative effect）：与えられた課題に対して適切かつ十分に、関連性が明確である考えが効果的に示されている
・言語使用能力が確かなものであることがわかる ・自分の考えを表現したり、意図を伝えることのできるすぐれた構文力・語彙力がある	・与えられた課題に対してそつ無く回答している ・課題に対する関連性が十分にある考えが数多く提示され、効果的に内容が伝えられている

ル 6 を A、レベル 4 を B、レベル 2 を C の 3 段階に設定し、B ＋ および B －を A・B ／ B・C カテゴリーの中間レベルに配置するというものであった。しかし、予備調査において Accuracy 尺度の A・B の中間に配置された B ＋（5）カテゴリーの等間隔性に課題が残されるという結果になった。Alderson et al.（1995）は、尺度の背景にある言語観および各評定カテゴリーの記述子を評定者が十分に理解していることが重要であるという指摘を行ってお

り、「AとBの中間的なレベルである」という記述では十分な理解につながらない面があったとも考えられる。そこで改訂版尺度では、この点を考慮して各評定カテゴリーに適合する「ライティング・サンプル」を提供し、各カテゴリーの記述子をそのサンプルの「解説」という形式で明示することにした。そして評定は、各評定カテゴリーのサンプル・解説と評価対象サンプルとの照合を行い、当該サンプルが表5および6の「評価基準」あてはまるか否かをA（5）、B＋（4）、B（3）、B－（2）、C（1）の5段階リッカート尺度によって判定するという方式に改めた。

2. ライティング・サンプルの抽出

　上述の『評定の手引き』における評定尺度修正の過程で、各評定カテゴリーに適合する「ライティング・サンプル」を抽出する必要が生じた。実際のサンプル抽出作業を行うにあたり、適合度の高いサンプル抽出を目的として、「収集」→「吟味」→「選択」→「提示」→「解釈」というデータの分析プロセス（Hyland, 2003）にしたがうことにした。

　具体的にまず、データ「収集」においては、予備調査において評定が行われた15サンプルの評定データをFACETS分析にかけ、5段階のカテゴリーに分類した。Accuracyタスクについては、1段階に1サンプル、2〜4段階に各4サンプル、5段階に2サンプルが、またCommunicabilityタスクについては、1段階に1サンプル、2段階に4サンプル、3段階に6サンプル、4〜5段階に各2サンプルが、それぞれ類別された。「吟味」に関しては、「正確さ」「伝わりやすさ」の下位概念に基づいて、サンプルの質を問う各4つの質問文によりその適合度を吟味して、複数のサンプルから最も適合度の高いものを抽出した。質問文の具体的内容は次の通りである。

> 1. Accuracy サンプル
>   1) 文章の構成は手紙として適切か。
>   2) 文章は構成に沿ってうまく展開されているか。
>   3) 語句の選択は適切か。
>   4) 誤りはいくつあるか。
> 2. Communicability サンプル
>   1) 文章における言語使用は確かか。
>   2) 自分の考えを述べる上で適切な語彙を選んでいるか。
>   3) 文章は課題を適切にとらえているか。
>   4) 課題に沿った考えがいくつ示されているか。

「提示」については、各カテゴリーの記述子を、抽出したサンプルの特徴により合致するように部分修正を加え、解説として掲載した。また「解釈」に関しては、テスト作成者が意図する通りに評定者による解釈が行われるか否かを、本調査における評定者にアンケートを依頼して、その適切性を判断することにした。このような手続きによる、Accuracy、Communicability タスクそれぞれのサンプル抽出およびその解説の具体例を以下に掲載する（他の評定カテゴリー・サンプルについては「付録pp.167-178」参照）。

1) Accuracyタスク:「A（5）きわめてあてはまる」例

サンプル11および12は、FACETS分析により、いずれもAccuracy尺度上で5段階に類別されたサンプルである。質問1（文章の構成は手紙として適切か）に関しては、両者とも概ね適切であるが、サンプル11においては段落分けが行われており、手紙文の末尾には「結語」が添えられている。質問2（文章は構成に沿ってうまく展開されているか）に関しては、両者共に自己紹介のポイントに沿ってうまく展開されている。したがって、Accuracyタスクの下位概念である「文章構成力」については、内容的には

サンプル 11

Hello! My name is *** ***. Nice to meet you. I'm 19 years old and a university student. There are 6 members in my family. But now I live alone in *** to study English education of junior high school at *** university.

My hobbies are watching movies, listening to music, and playing the clarinet. And I'm interested in world history.

I've been to America and Australia. Both of them were homestay. They were great!

I like pets very much!! I can eat whatever you serve. I'd like to talk much with you while I'm in England to improve my English skills and to know your culture.

I'm looking forward to meeting you sooner.

Yours, *****

サンプル 12

Hello. My name is *** ***. I'm 18 years old. Now, I study English at *** university. There are five members in my family, father, mather, grandmather, sister and me. We like animals, so we have a pet. My pet is dog named "Boss." If you have pets, I'm very glad. Regarding food, I don't have dislikes. I can eat everything. My hobby is listening to music. I listen to music everyday. Especially, I like Rock music. I want to listen to English Rock music during this stay. I'm very nervus now. Because I have never been abroad before. But I look forward to meeting you.

ほぼ同等の評価を与えることができるが、手紙の形式面においてはサンプル 11 の方が質的に上回っていると言える。また、質問 3（語句の選択は適切か）および質問 4（誤りはいくつあるか）に関しては、いずれもサンプル 11 が優位であり、もう 1 つの下位概念である「言語的正確さ」に適合していると判断し、「A（5）きわめてあてはまる」例として抽出することにした。さらに、当該カテゴリーの記述子をサンプル 11 の特徴に合致するように部分修正を加えた結果、「解説」は下記の通りとなった。

［解説］
・文章の構成および展開がうまくできている
・論理展開の方法が適切で説得力がある
・部分的に誤りはあるが、語彙使用が適切である
・主語と動詞の一致、時制、単数・複数、語順および語法、冠詞、代名詞、前置詞の使用にほとんど誤りがない
・スペル、句読法、大文字使用、段落分けの仕方にほとんど誤りがない

2）Communicability タスク：「B＋（4）かなりあてはまる」例

　サンプル 2 および 3 は、FACETS 分析により、いずれも Communicability 尺度上で 4 段階に類別されたサンプルである。質問 1（文章における言語使用は確かか）および質問 2（自分の考えを述べる上で適切な語彙を選んでいるか）に関しては、両者とも不確かな言語使用状況はあるが語彙選択は概ね適切である。したがって、Communicability タスクの下位概念である「伝達内容の質」については、ほぼ同等の評価を与えることができる。また、質問 3（文章は課題を適切にとらえているか）に関しては、回答内容から判断して両サンプル共に課題を適切にとらえていると判断できる。しかし、質問 4（課題に沿った考えがいくつ示されているか）において、サンプル 2 の回答数が 6 であるのに対してサンプル 3 のそれは 9 で優位性が認められ、もう 1

サンプル 2

Discussion Topic: Why do you study English?
- To be able to speak to foreigners
- To get new knowledge on Web sites that's written by English
- To communicate with person who I don't know his country
- To know the Japanese charm point
- To pass TOEIC
- To see movies without Japanese voice
- To
- To

サンプル 3

Discussion Topic: Why do you study English?
- To talk with foreign people.
- To watch the English movies which are made only English.
- To read English books.
- To be an English teacher.
- To contact to my American friends.
- To know foreign cultures.
- To protect myself whe I go abroad.
- To tell myself and my thinking when I talk with foreign people.

つの下位概念である「情報伝達効果」に対する適合度が高いため、サンプル3を「B＋(4) かなりあてはまる」例として抽出することにした。当該カテゴリーの記述子をこのサンプルの特徴に合致するように部分修正を加えた結果「解説」は下記の通りとなった。

［解説］
・与えられた課題に対して部分的に回答している
・読み手に対して十分に内容が伝わる
・十分な言語使用能力があるが、不確かに思われるところもある
・自分の考えや意味を十分に伝えることのできる語彙力がある

第5章

本調査1

　本章では、予備調査における分析結果に基づいて改訂された評定尺度および『評定の手引き（改訂版）』によるTBWT評価の信頼性および妥当性を検証することを目的として、5名の現職中学校教師を対象として行った本調査1の結果とその分析を行っている。

第1節　研究課題

本調査1では、下記1)～7)の研究課題について検証を行う。
1) 受験者のライティング能力は効率的に測定されているか。
2) 5名の評定者の厳しさの度合いは同じか。
3) 2種類の評価タスクの困難度は同じか。
4) 評定者は評定尺度を用いて適切な評価を行うことができたか。
5) 評定者は特定の受験者に対して、評定が厳しくあるいはあまくなっていないか。
6) 特定の評価タスクに対して、評定が厳しくあるいはあまくなっていないか。
7) 統計学的に、TBWTの信頼性・妥当性はどの程度あると言えるか。

第2節　研究方法

1. 評価対象データの収集

　Y大学国際政策学部において英語科教職課程を履修する2・3年生（20名）を対象として2008年7月に、AccuracyとCommunicabilityを測定するために考案した2種類の評価タスクへの回答を依頼した。辞書の使用は認めず、前者のタスクが20分、後者が10分という制限時間内に書かれた解答を収集し、マイクロソフトWordに入力し、プリントアウトしたものを評価対象のデータとした。

2. 分析対象データの収集

　2008年8月にY県の公立中学校において英語科を担当している教職経験10年以上の現職教師5名（女性4名、男性1名）に研究協力を依頼し、20名分の評価対象データおよび『評定の手引き（改訂版）』（付録p.163）を郵送し、2008年9月末日までに評定作業を行うように依頼した。具体的な作業内容として、1）Accuracyタスクの内容確認と評定、2）Communicabilityタスクの内容確認と評定、3）両タスクの評定結果に基づく全体的印象（Impression）による評定、4）評価基準および評定尺度に対する評価アンケートを手順説明書により提示した。

3. 分析方法

　本調査1では、古典的テスト理論によるテストデータ分析およびFACETS, Version 3.63 プログラム（Linacre, 2008）を使用して、TBWTを実施する際に相互に影響し合う種々の要因（facets）が相互に影響し合う度合いについて分析を行い、評定結果の信頼性を検証する。また、「評定の手引きに関するアンケート」（付録p.179）により、評価基準および評定尺度の妥

当性について検討を行う。

第3節 結　果

1. 古典的テスト理論によるテストデータの分析

　古典的テスト理論の大きな特徴は、素点を使用して分析を行うことにある。テストデータ分析の第1段階として、基礎統計量および相関係数・クロンバックα係数を算出し、テストの信頼性・妥当性の検証を行う。
　表5-1〜5-3は、2種類の評価タスクおよび全体的印象における5名の

表5-1　Accuracyタスクの評定結果

	評定者1	評定者2	評定者3	評定者4	評定者5
平均点	3.20	3.35	3.00	3.00	3.25
標準偏差	0.92	1.10	1.14	0.70	0.88
最高点	5.0	5.0	5.0	4.0	5.0
最低点	2.0	2.0	1.0	2.0	2.0

表5-2　Communicabilityタスクの評定結果

	評定者1	評定者2	評定者3	評定者4	評定者5
平均点	3.25	3.20	2.80	3.20	3.55
標準偏差	1.08	0.92	1.24	1.16	0.97
最高点	5.0	5.0	5.0	5.0	5.0
最低点	1.0	2.0	1.0	1.0	2.0

表5-3　全体的印象（Impression）による評定結果

	評定者1	評定者2	評定者3	評定者4	評定者5
平均点	3.25	3.35	3.05	3.15	3.35
標準偏差	0.88	1.01	1.16	0.85	0.90
最高点	5.0	5.0	5.0	5.0	5.0
最低点	2.0	2.0	1.0	2.0	2.0

表 5-4 評定結果における評定者間相関係数

評定者	1/2	1/3	1/4	1/5	2/3	2/4	2/5	3/4	3/5	4/5	平均
Aタスク	.75	.85	.68	.78	.87	.76	.82	.80	.79	.71	.78
Cタスク	.84	.91	.66	.86	.81	.70	.70	.71	.83	.74	.77
印　象	.79	.81	.67	.88	.92	.80	.78	.80	.78	.64	.79

注）Aタスク：Accuracyタスク、Cタスク：Communicabilityタスク、印象：全体的印象

評定者による評定結果である。また、表 5-4 は、5 名の評定者を 2 名ずつペアにして、各評定結果における評定者間の相関係数を算出したものである。2 種類の評価タスクおよび全体的印象における相関係数の平均値はそれぞれ 0.78、0.77、0.79 と高く、5 名の評定者による結果には信頼性が認められる。

　表 5-5 は、2 種類の評価タスクと全体的印象による評定結果および対象学生の *Criterion* スコア（1-6）の状況である。タスク等の平均点は 3.16 〜 3.23 のレンジにあって近接し、クロンバック α 係数を算出したところ、0.943、0.9432、0.9480 となり、いずれも Davies（1990）による利害関係の大きいテストにおける内的一貫性の基準値（0.90）を上回る結果となった。*Criterion* は、ETS が開発した英文エッセイの自動採点を行うインターネットサービスであり、その評定における信頼性が高いことから、TBWT の基準関連妥当性について検討を行うことが可能であると考え、20 名の学生を対象として実施した。その結果、20 のサンプルは 1-4 の評定カテゴリー

表 5-5 評価タスクおよび全体的印象による評定結果

	Aタスク	Cタスク	全体的印象	*Criterion*
サンプル数	100	100	100	20
平均点	3.16	3.20	3.23	2.30
標準偏差	0.97	1.11	0.97	0.78
最高点	5.0	5.0	5.0	4.0
最低点	1.0	1.0	1.0	1.0

表 5-6　評価タスク・全体的印象

	A タスク	C タスク	全体的印象
C タスク	.797**		
全体的印象	.924**	.884**	
Criterion	.710**	.678**	.734**

注）** は 1% レベルで有意であることを表す

に分類され、平均点は 2.3 となった。表 5-6 に示された評価タスク・全体的印象による評定結果の相関係数については、0.797 ～ 0.924 のレンジにあり、2 種類の評価タスク間の相関（0.797）はテスト信頼性の目安とされる 0.80 をわずかに下回るという結果になった。Criterion スコアと Accuracy タスクの相関係数が 0.710、Communicability タスクのそれが 0.678、全体的印象に関しては 0.734 となり、いずれも効果量大と判定される 0.5（Cohen, 1988）を上回り、評価タスクとしての妥当性が確認された。

　しかし、素点によるテストデータの分析には、評定者の評定に対する厳しさや評価タスクの困難度の違い、評定尺度の等間隔性や受験者能力のばらつきなどによる測定誤差があるので、最終的な測定結果に影響を与えると考えられるすべての要因を考慮した統計的モデルの活用を検討する必要がある。そこで予備調査（第 3 章第 4 節）と同様に、FACETS プログラムを活用して、受験者の能力値、評価タスクの困難度および評定者の厳しさの度合いを、同一間隔の log 尺度上に表示し、各ファセットが予測モデルに適合しているかどうかを確認することにした。

2．FACETS によるテストデータの分析

　図 5-1 は、相互に影響し合う要因として想定した「評定者（Raters）」「受験者能力（Students）」「タスク（Tasks）」の測定結果を同一間隔の log 尺度上に表示したものである。評定者に関しては、評定者 3 が最も厳しく、評定者 5 が最もあまい評定を行うことを示している。20 名の受験者に関して

は、受験者9の能力が最も高く、評定者11の能力が最も低い。また、評価タスクの困難度に関しては、AccuracyタスクとCommunicabilityタスクに差違はなく、全体的印象による評定も同程度であったことがわかる。S.1-3は、タスクおよび全体的印象それぞれに対する評定尺度を表し、一例として＋1ロジットの能力を持つ受験者19の場合には、2種類のタスクおよび全体的印象のいずれについてもカテゴリー3の評定となることを示している。

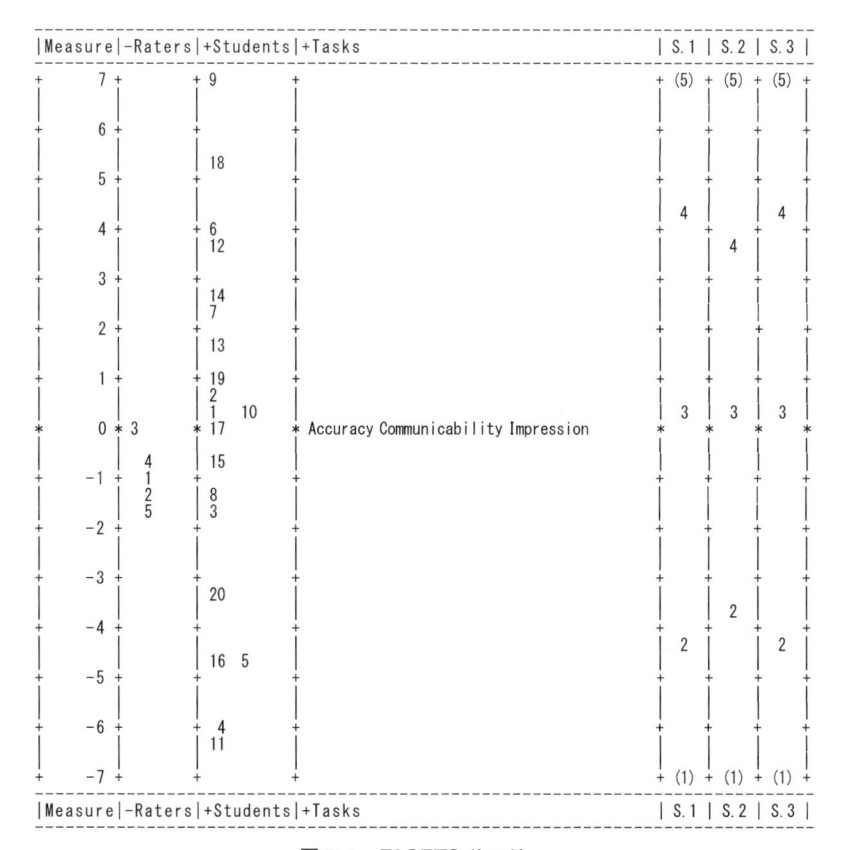

```
-------------------------------------------------------------------------
|Measure|-Raters|+Students|+Tasks                        | S.1 | S.2 | S.3 |
-------------------------------------------------------------------------
+    7 +       +    9    +                               + (5)+ (5)+ (5)+
|                                                        |    |    |    |
+    6 +       +         +                               +    +    +    +
|                                                        |    |    |    |
|              |   18    |                               |    |    |    |
+    5 +       +         +                               +    +    +    +
|                                                        |    |    |    |
|                                                        |  4 |    |  4 |
+    4 +       +    6    +                               +    +    +    +
|              |   12    |                               |    |  4 |    |
+    3 +       +         +                               +    +    +    +
|              |   14    |                               |    |    |    |
|              |    7    |                               |    |    |    |
+    2 +       +         +                               +    +    +    +
|              |   13    |                               |    |    |    |
+    1 +       +   19    +                               +    +    +    +
|              |    2    |                               |    |    |    |
|              |    1  10|                               |  3 |  3 |  3 |
*    0 *   3   *   17    * Accuracy Communicability Impression *    *    *
|              |   15    |                               |    |    |    |
|          4   |         |                               |    |    |    |
+   -1 +   1   +         +                               +    +    +    +
|          2   |    8    |                               |    |    |    |
|          5   |    3    |                               |    |    |    |
+   -2 +       +         +                               +    +    +    +
|                                                        |    |    |    |
+   -3 +       +   20    +                               +    +    +    +
|                                                        |    |  2 |    |
+   -4 +       +         +                               +  2 +    +  2 +
|              |   16  5 |                               |    |    |    |
+   -5 +       +         +                               +    +    +    +
|                                                        |    |    |    |
+   -6 +       +    4    +                               +    +    +    +
|              |   11    |                               |    |    |    |
+   -7 +       +         +                               + (1)+ (1)+ (1)+
-------------------------------------------------------------------------
|Measure|-Raters|+Students|+Tasks                        | S.1 | S.2 | S.3 |
-------------------------------------------------------------------------
```

図5-1　FACETS サマリー

1）受験者のライティング能力は効率的に測定されているか。

図 5-1 に示される通り、受験者の能力値は概ね 13 ロジットの範囲にわたって分布している。FACETS により算出される「separation value」は 6.54 であり、20 名の受験者のライティング能力が 6〜7 段階に類別されていることを意味する。また、「信頼性指数（reliability index）」は 0.98 であり、測定結果は受験者のライティング能力を表す数値として信頼性が高いことが確認された。

2）5 名の評定者の厳しさの度合いは同じか。

表 5-7 は、5 名の評定者の特性に関する FACETS 分析の結果である。厳しさ（severity）は、最も厳しい評定者 3（0.09）と最もあまい評定者 5（-1.70）の差が 1.79 ロジットとなっている。この差を「Fair-M average」の値で見ると 0.44（3.34-2.90）であり、尺度 1 カテゴリーに対して半分（0.5）に満たない差であることがわかる。しかし、評定者の厳しさが一貫して異なる度合いを示す「Reliability of separation index」は 0.82 と高く、カイ自乗検定の結果からも、5 名の評定者間には評定の厳しさにおける有意差が認められた。情報量に基づく適合度指標である「Infit」に関しては、全員が［平均値

表 5-7　評定者の特性に関する FACETS 分析結果

	Fair-M average	Severity (logits)	Error	Infit (mean square)
評定者 1	3.17	-1.07	.27	.63
評定者 2	3.25	-1.35	.27	.90
評定者 3	2.90	.09	.26	.91
評定者 4	3.06	-.59	.26	1.25
評定者 5	3.34	-1.70	.27	.96
平均値	3.14	-.92	.26	.93
標準偏差	.15	.62	.00	.20

Note. Reliability of separation index=.82; fixed (all same) chi-square: 27.8, df:4; significance: p=.00

（0.93）±標準偏差（0.20）×2］の範囲内にあり、5名の評定者が一貫性のある評定を行ったことが確認された。

3) 2種類の評価タスクの困難度は同じか。

　2種類の評価タスクおよび全体的印象による評定結果（表5-8）によると、Infit数値が、［平均値（0.92）±標準偏差（0.12）×2］の範囲内にあることから一貫した評定が行われたことがわかる。また「Reliability of separation index」とカイ自乗検定の結果から、評価タスクの困難度における差違は認められない。さらに、パーシャル・クレジット・モデルの場合には、「Estimation of Discrimination」が0.5から1.5のレンジにあればラッシュモデルに適合する（Linacre, 2007, p.132）と言われるが、評価タスクおよび全体的印象のそれが1.04、1.00、1.24となっており、評定結果はモデルに適合することが確認された。

表5-8　評価タスクおよび全体的印象による評定結果

	Difficulty (logits)	Error	Infit (mean square)	Estimate of Discrimination
Aタスク	-.08	.21	.96	1.04
Cタスク	-.07	.19	1.04	1.00
全体的印象	.16	.21	.77	1.24
平均値	.00	.21	.92	
標準偏差	.11	.01	.12	

　Note. Reliability of separation index=.00; fixed (all same) chi-square: 0.9, df:2; significance: p=.65

4) 評定者は評定尺度を用いて適切な評価を行うことができたか。

　表5-9は、改訂されたAccuracy尺度による評価状況を示している。各レベルの受験者のライティング能力平均値にあたる「Average Measure」は、カテゴリーが1→5と進むにつれて値が大きくなっており、能力平均値とカテゴリーの一致が見られる。ガイドライン基準値の1つとして示された

表 5-9　Accuracy 尺度による評価状況

Category Score	Average Measure	Outfit (mean square)	STEP
1 (2)	-6.26	.4	
2 (26)	-3.24	.9	-7.07
3 (35)	.58	1.1	-1.42
4 (28)	3.76	.8	2.28
5 (9)	6.16	1.6	6.22

注）括弧内の数字はカテゴリーごとの度数を表す。

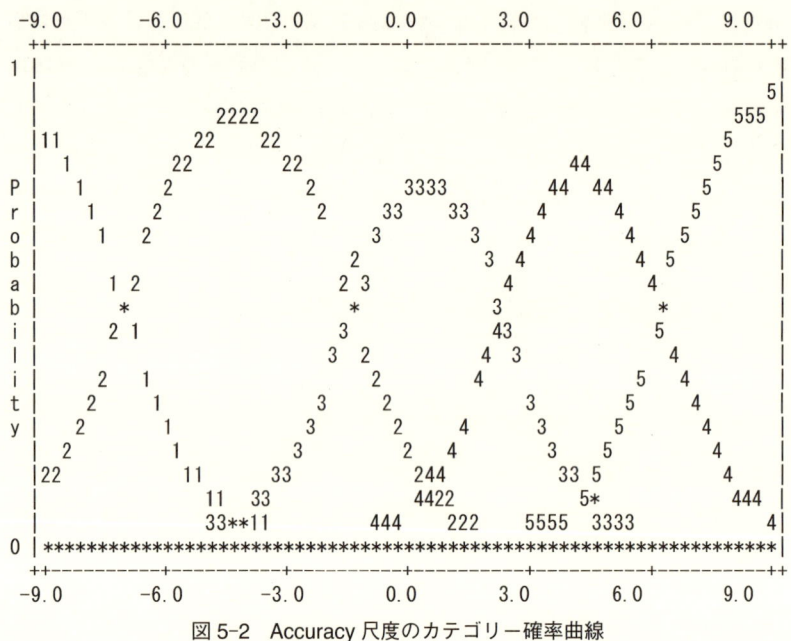

```
       -9.0        -6.0        -3.0         0.0         3.0         6.0         9.0
      ++-----------+-----------+-----------+-----------+-----------+-----------++
    1 |                                                                         |
      |                                                                        5|
      |               2222                                              555     |
      |    11        22   22                                          5         |
      |     1       22     22                            44          5          |
    P |      1     2         2           3333          44  44       5           |
    r |       1   2           2        33    33       4      4     5            |
    o |        1 2             2      3        3     4        4   5             |
    b |         2               2    3          3 4            4 5              |
    a |       1 2              2 3    4          4              4               |
    b |        *                 *     3         *              5               |
    i |       2 1               3      43                      5                |
    l |                        3 2     4 3                    4                 |
    i |       2  1            2         4                    5 4                |
    t |      2    1          3   2       3                  5   4               |
    y |     2      1        3     2       3                5     4              |
      |    2        1      3       2    4    3            3       5             |
      |22             11  33         244         33 5              4            |
      |                11 33        4422         5*                 444         |
      |               33**11       444    222  5555 3333               4        |
    0 |************************************************************************|
      ++-----------+-----------+-----------+-----------+-----------+-----------++
       -9.0        -6.0        -3.0         0.0         3.0         6.0         9.0
```

図 5-2　Accuracy 尺度のカテゴリー確率曲線

Outfit 数値はいずれも 2.0 以下となっており基準に適合している。しかし、もう1つの基準値である STEP（Step difficulty）に関しては、概ね 1.4 ロジット以上、5.0 ロジット以下のレンジにあるが、カテゴリー2（-7.07）および3（-1.42）の差が5.56となってしまい、予備調査と同様に適合しないという結果になった。

　Accuracy 尺度のカテゴリー確率曲線（図5-2）を見ると、相対的に能力尺度上の位置が低い受験者はカテゴリー1に分類される確率が高く、能力尺度上の位置が高くなるにつれて、受験者は上位カテゴリーに分類される確率が高くなっていることがわかる。また、小山の連なりのような形状であることから、能力情報とカテゴリーの一致および尺度としての適切性が認められる（Linacre, 1999; Tyndall & Kenyon, 1995）。ただし、カテゴリー2に関しては他カテゴリーに比べ、傾きがゆるやかで弁別力が低く、広い範囲にわたって能力情報を生成することがわかる。

　表 5-10 は、Communicability 尺度による評価状況を示している。「Average Measure」は、カテゴリーが進むにつれて値が大きくなっており、能力平均値とカテゴリーの一致が見られる。Outfit 数値はいずれも 2.0 以下となっており基準に適合している。もう1つの基準値である STEP（Step difficulty）に関しても、すべて1.4 ロジット以上、5.0 ロジット以下のレンジにあり、基準に適合している。また、Communicability 尺度のカテゴリー確率曲線（図5-3）に関しても、小山の連なりのような形状でそれぞれのピークも明確であり、能力情報とカテゴリーの一致および尺度としての適切性が認められるという結果になった。

　表 5-11 は、全体的印象（Impression）による評価状況を示している。「Average Measure」は、カテゴリーが進むにつれて値が大きくなっており、能力平均値とカテゴリーの一致が見られる。Outfit 数値はいずれも 2.0 以下となっており基準に適合している。もう1つの基準値である STEP（Step difficulty）に関しても、すべて 1.4 ロジット以上、5.0 ロジット以下のレン

表5-10 Communicability 尺度による評価状況

Category Score	Average Measure	Outfit (mean square)	STEP
1 (6)	-5.57	.6	
2 (21)	-2.99	1.1	-5.54
3 (35)	.66	1.3	-1.61
4 (23)	3.05	.6	2.26
5 (15)	5.88	1.3	4.90

注) 括弧内の数字はカテゴリーごとの度数を表す。

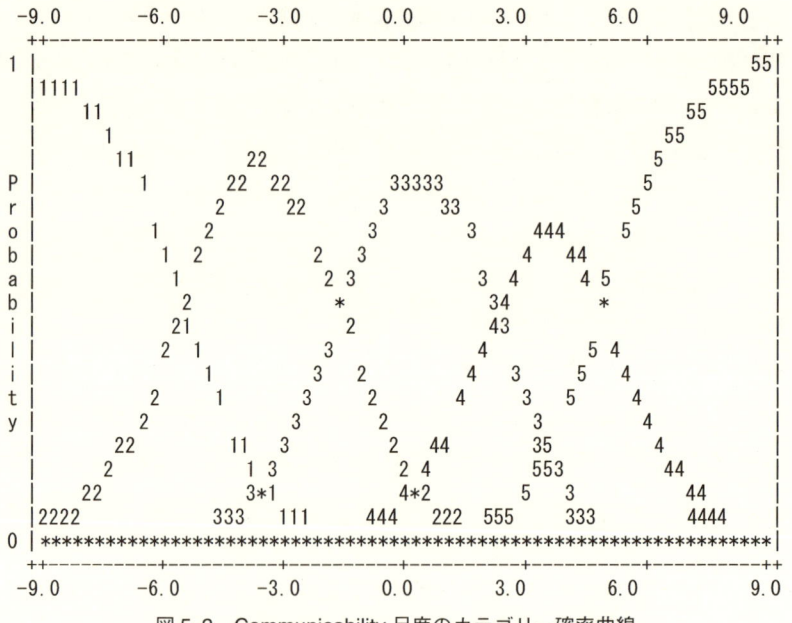

```
        -9.0       -6.0       -3.0        0.0        3.0        6.0        9.0
       ++----------+----------+----------+----------+----------+----------++
     1 |                                                                 55|
       |1111                                                         5555 |
       |  11                                                       55     |
       |    1                                                     55      |
       |    11           22                                       5       |
     P |     1         22    22             33333                5        |
     r |          2      22                3      33         444 5        |
     o |       1       2                  3           3     4   44        |
     b |      1 2                   2  3               3 4    44 5        |
     a |       1                   2 3                  34      *         |
     b |          2                 *                   43                |
     i |        21                  2                   4                 |
     l |       2  1                3                   4        5 4       |
     i |         1                3  2                4 3        5 4      |
     t |        2  1             3  2                4   3 5      4       |
     y |      2                 3                    3            4       |
       |     22            11  3                 2  44     35      4      |
       |    2                 1 3                 2  4     553      44    |
       |  22                  3*1                4*2       5  3      44   |
       |2222                 333    111         444   222  555   333  4444|
     0 |******************************************************************|
       ++----------+----------+----------+----------+----------+----------++
        -9.0       -6.0       -3.0        0.0        3.0        6.0        9.0
```

図5-3 Communicability 尺度のカテゴリー確率曲線

表5-11 全体的印象（Impression）による評価状況

Category Score	Average Measure	Outfit (mean square)	STEP
1 (2)	-6.02	.4	
2 (23)	-3.57	.6	-6.81
3 (35)	.76	.6	-1.66
4 (30)	3.65	.9	2.23
5 (10)	6.61	1.0	6.23

注）括弧内の数字はカテゴリーごとの度数を表す。

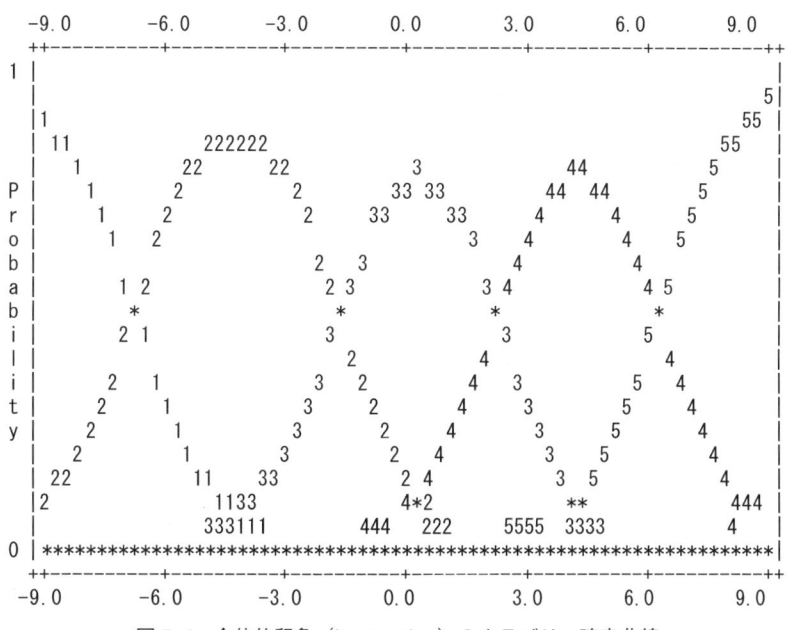

```
           -9.0       -6.0       -3.0        0.0        3.0        6.0        9.0
           ++----------+----------+----------+----------+----------+----------++
         1 |                                                                   |
           |                                                                 5 |
           |1                                                               55 |
           | 11            222222                                44         55 |
           | 1           22      22           3                44  44        5 |
        P  |  1         2          2         33 33           44    44        5 |
        r  |  1        2            2       33    33        4        4        5|
        o  |   1      2              2     3        4      4          5       |
        b  |                          2   3          4    4            4      |
        a  |    1  2                   2 3           3 4              4 5     |
        b  |     *                      *             *                *      |
        i  |    2 1                    3              3              5        |
        l  |                          2                4              4       |
        i  |      2    1             3   2           4   3          5   4     |
        t  |      2     1           3     2         4      3       5      4   |
        y  |     2       1         3       2       4        3     5        4  |
           |    2         1       3         2     4          3   5          4 |
           |   22            11   33         2 4             3 5            4 |
           |  2               1133          4*2              **           444 |
           |                 333111       444    222       5555 3333       4  |
         0 |******************************************************************|
           ++----------+----------+----------+----------+----------+----------++
           -9.0       -6.0       -3.0        0.0        3.0        6.0        9.0
```

図5-4 全体的印象（Impression）のカテゴリー確率曲線

ジにあり、基準に適合している。また、全体的印象（Impression）のカテゴリー確率曲線（図 5-4）に関しても、小山の連なりのような形状でそれぞれのピークも明確であり、Accuracy、Communicability 尺度による評定結果に基づいて行われる全体的印象評価に関しても、その適切性が認められるという結果になった。

5）評定者は特定の受験者に対して、評定が厳しくあるいは甘くなっていないか。

予備調査と同様に、バイアス分析により、評定者が特定の受験者に対して独自の評価バイアスを持つことなく評定を行うことができたかどうかについても検証を行った。

表 5-12 〜 5-16 は、5 名の評定者の厳しさ × 20 名の受験者能力（合計 100 組）のバイアス分析において、バイアスが有意であることを示す「− 2.0 以下あるいは 2.0 以上」の z 得点（z-score）を持った組み合わせ（9 組）を抽出した結果である。まず、各評定者の評定一貫性を表す「Infit」に関し

表 5-12 評定者 1 の特定受験者に対するバイアス分析

受験者	能力 （ロジット）	測定値	期待値	差	バイアス （ロジット）	誤差	z 得点	Infit (mean square)
1	0.18	12	9.7	0.78	2.71	1.12	2.41	0.0

表 5-13 評定者 2 の特定受験者に対するバイアス分析

受験者	能力 （ロジット）	測定値	期待値	差	バイアス （ロジット）	誤差	z 得点	Infit (mean square)
17	-0.07	12	9.7	0.77	2.68	1.12	2.39	0.0
10	0.18	12	9.9	0.70	2.43	1.12	2.16	3.0*
12	3.75	11	12.9	-0.63	-2.32	1.05	-2.21	0.8

Note. * = misfitting

表5-14 評定者3の特定受験者に対するバイアス分析

受験者	能力（ロジット）	測定値	期待値	差	バイアス（ロジット）	誤差	z得点	Infit (mean square)
6	4.00	14	12.0	0.68	2.65	1.24	2.14	0.8

表5-15 評定者4の特定受験者に対するバイアス分析

受験者	能力（ロジット）	測定値	期待値	差	バイアス（ロジット）	誤差	z得点	Infit (mean square)
9	6.96	13	14.5	-0.51	-2.32	1.12	-2.06	0.4
7	2.28	9	11.1	-0.69	-2.52	1.20	-2.10	0.0
1	0.18	6	9.3	-1.10	-4.68	1.45	-3.23	0.0

表5-16 評定者5の特定受験者に対するバイアス分析

受験者	能力（ロジット）	測定値	期待値	差	バイアス（ロジット）	誤差	z得点	Infit (mean square)
11	-6.27	7	5.7	0.44	2.36	1.15	2.05	1.0

ては、平均値（$M = 0.4$）と標準偏差（$SD = 0.5$）から、−0.6〜1.4の範囲が一貫性の基準となるが、表13の評定者2×受験者10はInfit数値が3.0となり、モデルに適合しない（misfit）ことがわかった。

表5-17は、バイアス評定が行われた9つのケースを、受験者能力別に分類した結果を表している。3.0ロジット以上の能力を持った4名の受験者の内3名（75％）に対してバイアス評定が行われた。評定者2（R2）および評定者4（R4）は厳しい評定を、評定者3（R3）はあまい評定をそれぞれ行ったことがわかる。−2.99〜2.99ロジットに分類される11名の受験者の内5名（45％）に対してバイアス評定が行われた。評定者4（R4）は2名の受験者に対して厳しい評定を、評定者1（R1）は1名の受験者に対して、評定者2（R2）は2名の受験者に対してあまい評定をそれぞれ行ったこと

表5-17 バイアス評定が行われた受験者能力別ケース数

受験者能力 （ロジット）	N	評定が厳しい（Harsh）					評定があまい（Lenient）				
		R1	R2	R3	R4	R5	R1	R2	R3	R4	R5
3.00 higher	4		1		1				1		
-2.99～2.99	11				2		1	2			
-3.00 lower	5										1

がわかる。3.0ロジット以下の5名の受験者については、バイアス評定は1ケース（20％）のみであり、評定者5（R5）があまい評定を行っている。

各評定者のバイアス傾向については、以下のように記述することができる。

・評定者1：どちらかと言えばあまい評定を行う傾向にあり、特に中位群の受験者に対して、その傾向が顕著である。

・評定者2：厳しい評定とあまい評定が混在する傾向にあり、上位群の受験者に対しては厳しく、中位群の受験者に対してはあまくなりやすい。

・評定者3：どちらかと言えばあまい評定を行う傾向にあり、特に上位群の受験者に対して、その傾向が顕著である。

・評定者4：どちらかと言えば厳しい評定を行う傾向にあり、特に上位群および中位群の受験者に対して、その傾向が顕著である。

・評定者5：どちらかと言えばあまい評定を行う傾向にあり、特に下位群の受験者に対して、その傾向が顕著である。

6) 特定の評価タスクに対して、評定が厳しくあるいはあまくなっていないか。

表5-18は、5名の評定者と2種類の評価タスクおよび全体的印象評価のバイアス分析の結果である。バイアスが有意であることを示す「z得点が−2.0以下あるいは2.0以上」の組み合わせは見られない。各評定者の評定一貫性を表す「Infit」に関しては、平均値（$M = 0.9$）と標準偏差（$SD = 0.3$）

表5-18　評定者のタスクに対するバイアス分析

評定者	タスク	測定値	期待値	差	バイアス(ロジット)	誤差	z得点	Infit (mean square)
5	Communicability	71	68.0	0.15	0.57	0.44	1.31	0.9
2	Accuracy	67	65.1	0.10	0.43	0.47	0.92	1.3
4	Communicability	64	62.2	0.09	0.34	0.43	0.79	1.7*
3	Accuracy	60	58.5	0.07	0.32	0.47	0.68	0.7
3	Impression	61	59.9	0.05	0.23	0.47	0.49	0.9
2	Impression	67	66.4	0.03	0.13	0.47	0.27	0.6
1	Communicability	65	64.7	0.01	0.05	0.44	0.12	0.6
1	Accuracy	64	63.8	0.01	0.04	0.47	0.08	0.7
4	Impression	63	63.0	0.00	-0.01	0.47	-0.01	1.0
1	Impression	65	65.2	-0.01	-0.04	0.47	-0.09	0.6
5	Impression	67	68.0	-0.05	-0.22	0.47	-0.46	0.8
5	Accuracy	65	66.6	-0.08	-0.36	0.47	-0.76	1.1
4	Accuracy	60	61.7	-0.08	-0.36	0.47	-0.78	0.8
2	Communicability	64	66.2	-0.11	-0.41	0.43	-0.95	0.7
3	Communicability	56	58.6	-0.13	-0.49	0.44	-1.12	1.0

Note. * = misfitting

から、0.3〜1.5の範囲が一貫性の基準となるが、評定者4×Communicabilityタスクは Infit 数値が1.7となり、モデルに適合しない。つまり、評定者4はCommunicabilityタスクに対して一貫した評定を行うことができなかったと考えられる。

7) 統計学的に、TBWTの信頼性・妥当性はどの程度あると言えるか。
(1) 信頼性について

　5名の評定者の特性に関するFACETS分析の結果において、評定者間には評定の厳しさにおける有意差があることが認められた。しかし、その差は尺度1カテゴリーの半分（0.5）に満たない差であり、実際の測定レベルにおいては僅差であると言える。また、5名の評定者は一貫性のある評定を

行ったことが確認され、2種類の評価タスクおよび全体的印象による評価にも有意な差は認められなかった。以上の結果から、TBWTによるライティング能力測定には、一定の信頼性が確保されていると考えられる。

(2) 妥当性について

　TBWTによる評定結果データは、ラッシュモデルに適合し、測定結果に客観性があることが確認された。つまりこれは、客観的な測定が容易ではないライティング・パフォーマンス・テストの測定器具として、TBWTには妥当性があることを示す結果と言える。さらに、5名の評定者が行った2種類の評価タスクの評定および全体的印象による評価結果とCriterionスコアとの相関係数（表5-19）によると、その平均値は0.7〜0.74のレンジにあることから、TBWTには評定における信頼性が高いテストとの基準関連妥当性があると解釈することができる。

表5-19　評定結果とCriterionスコアとの相関係数

評定者	評定者1	評定者2	評定者3	評定者4	評定者5	平均値
Aタスク	.67	.74	.78	.72	.68	.72
Cタスク	.79	.67	.67	.64	.70	.70
印　象	.68	.75	.81	.68	.76	.74

第4節　考察とまとめ

1. 考察と示唆

　本調査1における5名の評定者は、経験10年以上の現職中学校英語教師であるが、TBWTの評定経験は今回が初めてであった。しかし、古典的テスト理論に基づくテスト・データの分析やFACETS分析の結果から、1) 各評定者はタスクに対して一貫した評定を行うことができた、2) 各タスクに

対応する5段階評定尺度には一定の信頼性があることが確認された、3) 5名の評定者全員に、特定の受験者に対するバイアスの影響が見られ、そのパターンはそれぞれの評定者特有のものであった、4) 特定のタスクおよび特定の受験者に対するバイアス・パターンがモデルと適合しない評定者も、それぞれ1名ずつ見られた、5) TBWTには一定の信頼性・妥当性があることなどが明らかにされた。

　このような結果に至った理由として、『評定の手引き（改訂版）』が評定者に与えた効果というものが考えられる。つまり、「評定の手引き」を参照・活用することにより、TBWTにおいて評価対象となる能力（AccuracyおよびCommunicability）や評価タスクに関する理解が深まり、評定尺度の共有化が図られ、各評定者が一貫性のある評定を行うことができたのではないかという仮説である。この仮説を検証するために、評定と合わせて回答を依頼した「評定の手引きに関するアンケート」の結果について検討を行う。

表5-20　評定の手引きに関するアンケート結果（質問1-3）

質問内容	おおいに役立つ	役立つ	役立たない
1.「はじめに」の内容	2（40%）	3（60%）	0
2.「評価タスク」の解説	5（100%）	0	0
3.「評価手順」の説明	5（100%）	0	0

表5-21　評定の手引きに関するアンケート結果（質問4-9）

質問内容	強くそう思う	そう思う	そう思わない	強くそう思わない
4.「正確さ」の定義は理解できた	2（40%）	3（60%）	0	0
5.「正確さ」の評価は行いやすい	1（20%）	3（60%）	1（20%）	0
6.「正確さ」のサンプルは評定に役立つ	3（60%）	2（40%）	0	0
7.「伝わりやすさ」の定義は理解できた	2（40%）	2（40%）	1（20%）	0
8.「伝わりやすさ」の評価は行いやすい	1（20%）	4（80%）	0	0
9.「伝わりやすさ」のサンプルは評定に役立つ	2（40%）	3（60%）	0	0

表5-20の結果から、5名の評定者はTBWTの評定作業を行う上で「評定の手引き」が有効である（役立つ）ことを認めていると解釈することができる。また、改善の余地はあるが、構成概念の定義、評定尺度およびそのサンプルは評定者に理解され、実際の評定において活用されたことを回答状況から読み取ることができる。その結果、各評定者はそれぞれのタスクに対して一貫した評定を行い、各タスクの5段階評定尺度には測定具としての信頼性が認められたと考えることができる。すなわち、TBWTの信頼性・妥当性は「評定の手引き」の効果によるという仮説は、評定者アンケートの結果により裏づけられたと言える。

　しかし、5段階評定尺度に関しては、FACETS分析において「正確さ」のカテゴリー2の弁別力が低く、広い範囲にわたって能力情報が生成され、多数のサンプルがこのカテゴリーに分類される結果となった。おそらくこれは、これまでの研究（Ruth & Murphy, 1998; Weigle, 1994, 1998）で指摘されているように、経験の少ない評定者は経験豊かな評定者に比べ、評定が厳しくなるという一般的傾向によるものと考えられるが、「評定の手引き」のみによる作業内容説明の限界とも考えられる。また、各評定者の評定一貫性は確認されたが、バイアス分析の結果によると、5名全員に特定の受験者に対する評定バイアスがあったこと（表5-17）が明らかになっており、「評定の手引き」の効果が限定的であることは否めない。さらに、特定の受験生およびタスクに対するバイアスにより、モデルに適合しない（misfit）ケースが、それぞれ1つずつ見受けられた。前者は評定者2のケースであるが、アンケートにおいて「正確さ評定尺度のサンプル解説にある『ほとんど誤りがない』と『やや誤りがある』の違いがよくわからない」とコメントしている。また後者のケースは評定者4であるが、「伝わりやすさの評価タスクとその構成概念についての解説がよく理解できなかったので、文法や語彙の観点から評定を行ってしまった。より詳細で具体的な説明が欲しい」と述べている。これらのコメントからも明らかな通

り、両評定者は手引きの記述内容に関して理解不十分なまま今回の評定作業を行い、結果としてモデルに適合しないバイアス評定になったものと思われる。

2. 本調査1のまとめ

　本調査1により、TBWTには一定の信頼性・妥当性があることが確認された。5名の評定者は、これまでにTBWTの評定を行ったことがなかったにもかかわらず、全員が一貫性のある評定を行うことができた。このような結果に至った理由は、「評定の手引き」の内容を評定者が理解し、実際の評定作業において活用した効果であることがアンケートにより確かめられた。しかし、バイアス分析の結果によると、5名ともに特定の受験者に対するバイアス評定を行っていたことがわかり、「評定の手引き」の効果は限定的であることが明らかになった。
　今後の課題として、Schaefer（2008）が指摘するように、評定のプロセスは非常に複雑であり、間違いを起こしやすいので、意図的・計画的な「評定者トレーニング」の機会をTBWT評定者についても設定していく必要があると言える。また、固有のバイアス傾向を持つ評定者に対して効果的なトレーニングメニューを考案するためには、評定者の内面的な評価行動についても分析を試みる必要があると考えられる。これらの課題解決に向けて、本調査2～4を計画・実施してTBWTの信頼性・妥当性の向上を図ることにする。

第6章

本調査2

　本章では、本調査1の結果から示唆された「評定者の評価行動分析」を行うための試みの1つとして、思考表出法（think aloud）によるデータ収集を行い、『評定の手引き（改訂版）』における「評価基準」の妥当性検証を行っている。

第1節　研究課題

　本調査2の研究課題は、以下の通りである。
　「本調査の目的は、思考表出法による評価行動の分析結果に基づき、TBWTにおけるAccuracyおよびCommunicabilityの評価基準の妥当性検証を行うことである。」

第2節　研究方法

1. 評価対象データの収集
　Y大学国際政策学部において英語科教職課程を履修する2・3年生（20名）を対象として2008年7月に、AccuracyとCommunicabilityを測定するために考案した2種類の評価タスクへの回答を依頼した。辞書の使用は認

めず、前者のタスクが20分、後者が10分という制限時間内に書かれた解答を収集し、マイクロソフトWordに入力し、プリントアウトしたものを評価対象のデータとした。

2. 分析対象データの収集

　第1次データ収集 (Session 1) は、2008年8月にY県の公立中学校において英語科を担当している教職経験10年以上の現職教師5名（女性4名、男性1名）に研究協力を依頼し、20名分の評価対象データおよび『評定の手引き（改訂版）』を郵送し、2008年9月末日までに評定作業を行うように依頼した。具体的な作業内容として、1) Accuracyタスクの内容確認と評定、2) Communicabilityタスクの内容確認と評定、3) 両タスクの評定結果に基づく全体的印象 (Impression) による評定、4) 評価基準および評定尺度に対する評価、を手順説明書により提示した。第2次データ収集 (Session 2) は、2010年8月にSession 1に参加した研究協力者の内1名に、思考表出法による評定作業を依頼した。Session 1と同一の評価対象データ、2種類の評定尺度および評定作業の手順説明書を対面方式により提示し、思考表出法の説明に引き続いて評定作業が行われ、作業の全過程はICレコーダーに録音した。

3. 分析方法

　本調査では、FACETS, Version 3.65プログラム (Linacre, 2009) を使用して、TBWTを実施する際に相互に影響し合う種々の要因 (facets) が相互に影響し合う度合いについて分析を行い、Session 1および2における評定結果の信頼性を検証する。それに引き続き、思考表出法によって得られたプロトコル・データに基づいて評定者の評価プロセスにおける行動基準の分析を行う。プロトコル・データの分析を行うための「コード化分類表 (coding scheme)」については、タスク1 (Accuracy) の評価基準およびタスク2

表6-1 プロトコル変換のためのコード化分類表

コード	カテゴリー	サブ・カテゴリー	評定基準（評価の観点）
A11	Accuracy	文章構成力	文章の構成・展開
A12	Accuracy	文章構成力	論理・展開方法の適切さ
A13	Accuracy	文章構成力	連結詞の使用
A14	Accuracy	文章構成力	その他（語数）
A21	Accuracy	言語的正確さ	語彙使用の適切さ
A22	Accuracy	言語的正確さ	文法的誤り
A23	Accuracy	言語的正確さ	表記上の誤り
A24	Accuracy	言語的正確さ	その他
C11	Communicability	伝達内容の質	言語使用能力
C12	Communicability	伝達内容の質	考えや意図の明瞭さ
C13	Communicability	伝達内容の質	構文力・語彙力
C14	Communicability	伝達内容の質	その他
C21	Communicability	情報伝達の効果	そつのなさ
C22	Communicability	情報伝達の効果	関連性
C23	Communicability	情報伝達の効果	情報量（理由の数）
C24	Communicability	情報伝達の効果	その他

（Communicability）の評価基準により、表6-1に示されるA11～14、A21～24、C11～14、C21～24の4カテゴリー16コードを設定した。評価プロセスにおける評定者の行動基準の分析については、1）プロトコル・データを16コードにより分類し、各コードの出現頻度を一覧表化する、2）FACETS分析により、Session 1および2において「評定が厳しく」あるいは「評定があまく」なったAccuracyまたはCommunicabilityのカテゴリーに関連する各コードの出現頻度を検討する、さらに3）Session 1および2の評定結果に変化が生じたライティング・サンプルに対するコメントの特徴についてプロトコル分析を行い、TBWTにおける評価基準の妥当性検証を行う。

第3節 結　果

1. FACETSによる分析結果

　ライティングテストを実施する際に相互に影響し合うと考えられる具体的なファセットとして「受験者能力（Student）」「タスク（Task）」「評定セッション（Session）」を想定した。FACETSによる分析では、すべてのファセットが同時に分析され、結果は同一間隔のlog尺度上に表示される。「受験者能力」「タスク」「評定セッション」のそれぞれについて標準誤差（standard error）とフィット統計（fit statistics）が算出され、各ファセットが予測モ

```
+---------------------------------------------------------------+
|Measr|+Student  |-Task                    |-Session           |Scale|
|-----|----------|-------------------------|-------------------|-----|
|  14 + 9   18   +                         +                   + (5)|
|  13 + 12  6    +                         +                   +    |
|  12 +          +                         +                   +    |
|  11 +          +                         +                   +    |
|  10 +          +                         +                   +    |
|   9 + 7        +                         +                   + 4  |
|   8 +          +                         +                   +    |
|   7 +          +                         +                   +    |
|   6 + 14  19   +                         +                   +    |
|   5 + 1   13  2+                         +                   +    |
|   4 + 10       +                         +                   +    |
|   3 +          +                         +                   +    |
|   2 +          +                         +                   +    |
|   1 + 15  8    + Accuracy                +                   + 3  |
|*  0 *          * Communicability Impression * Session 1 Session 2 *    *
|  -1 +          +                         +                   +    |
|  -2 + 17       +                         +                   +    |
|  -3 + 3        +                         +                   +    |
|  -4 + 20       +                         +                   +    |
|  -5 +          +                         +                   +    |
|  -6 +          +                         +                   +    |
|  -7 +          +                         +                   +    |
|  -8 + 16  4  5 +                         +                   +    |
|  -9 +          +                         +                   + 2  |
| -10 +          +                         +                   +    |
| -11 +          +                         +                   +    |
| -12 +          +                         +                   +    |
| -13 +          +                         +                   +    |
| -14 + 11       +                         +                   + (1)|
|-----|----------|-------------------------|-------------------|-----|
|Measr|+Student  |-Task                    |-Session           |Scale|
+---------------------------------------------------------------+
```

図6-1　分析サマリー

デルに適合しているかどうかを確認することができる。図6-1は、これら3つのファセットに適合する評定尺度を同一間隔のlog尺度上に表示したものである。

1) 受験者の能力

20名のテスト受験者は、図6-1のStudentに番号で示されている。3種類の評定により、9および18が最も高いライティング能力を持つ被験者と評価され、11が最もライティング能力が低いという評価結果になった。なお、右端のスケールは、各被験者の推測されるAccuracy、Communicability、Impressionにおける評定結果を表し、例えば、8および15の被験者は、いずれの評定セッションにおいても「3」の評定となることを示している。

2) タスクの難易度

表6-2は、各タスクおよび全体的印象による評価の結果を示している。図6-1のTask欄を見ても明らかであるが、2種類のタスクによる評定値および全体的印象による評定値についてカイ自乗検定を行ったところ、統計学的な有意差は認められず（$x^2(2) = 2.4, p = .29$）、困難度の違いによる影響はなかったことが確認された。また、Accuracy、Communicability、Impressionそれぞれの評定一貫性を表す「Infit」は、すべて平均（$M = 0.94$）より標準偏差（$SD = 0.04$）の2倍値の範囲内（$M - 2SD <$ Infit $< M +$

表6-2　タスクの難易度

タスク	困難度	標準誤差	Infit
Accuracy	0.52	0.41	0.92
Communicability	-0.35	0.44	0.90
Impression	-0.17	0.43	1.00
M	0.0	0.42	0.94
SD	0.38	0.01	0.04

2*SD*）であり、いずれも一貫した評定が行われたことがわかった。

3）評定セッションについて

　2回の評定セッションにおいて評定が一致した割合（inter-rater agreement）は64.9％であり、期待値（70.8％）には及ばなかったものの、この数値は評定者が"independent experts"として評価を行うことができたことを意味する（Linacre, 2007, p.135）。また、各セッションにおける受験者20名のライティング能力とタスクの困難度との点双列相関を算出したところ、Session 1が0.92、Session 2が0.94となり"all elements scores work in the same direction along the variable（p.102）"であることがわかった。

　表6-3は、評定セッションと評価タスクとのバイアス分析（bias analyses）を行った結果である。FACETS分析では、バイアス分析により、評定者の評価バイアスの分析を行うことが可能であり、通常、z得点の絶対値2以上を有意なバイアスと解釈する（Linacre, 2007; McNamara, 1996）。Session 1においてはCommunicabilityの評定が厳しい傾向が、またSession 2においてはCommunicabilityの評定があまい傾向が見られるが、いずれのz得点も「有意でないバイアス（－2＜z＜＋2）」の範囲内にあり、評定者は両タスクによる評定および全体的印象による評定に対して独自の評価バイアスを持たずに評定を行うことができたことがわかった。

表6-3　評定者と評価タスクとのバイアス分析

セッション	タスク	測定値	期待値	差	バイアス	z得点
S1	Accuracy	59	59.5	-.03	-.17	-.29
	Communicability	60	62.0	-.10	-.71	-1.21
	Impression	60	61.5	-.08	-.52	-.90
S2	Accuracy	60	59.5	.03	.17	.29
	Communicability	64	62.0	.11	.88	1.22
	Impression	63	61.5	.08	.59	.90

2. プロトコルデータの分析結果
1) 各コードの出現頻度

　表6-4はAccuracyの評定において、評定者が2つのサブ・カテゴリーに分類される8つの評価基準の内、どの基準に基づいて評価行動を行ったかを表している。「文章構成力」を観点とした評価においては「文章の構成・展開」に基づく評価行動が最多（18回、25%）であり、「言語的正確さ」を観点とした評価においては「文法的誤り」に基づく評価行動が最多（12回、16.7%）であった。また、「文章構成力」と「言語的正確さ」の評価基準としての活用頻度については、前者が56.9%、後者が43.1%という結果であり、両サブ・カテゴリーがバランスよく活用されたことがわかる。

　表6-5はCommunicabilityの2つのサブ・カテゴリーに分類される8つの評価基準を評定者が評定作業においてどの程度活用したかを表している。「伝達内容の質」を観点とした評価においては「考え方や意図の明瞭さ」に基づく評価行動が最多（18回、29.5%）であり、「情報伝達の効果」を観点とした評価においては「そつのなさ」に基づく評価行動が最多（13回、

表6-4　評価基準（評価の観点）出現頻度：Accuracy

コード	カテゴリー	サブ・カテゴリー	評価基準（評価の観点）	頻度(%)
A11	Accuracy	文章構成力	文章の構成・展開	18 (25.0)
A12	Accuracy	文章構成力	論理・展開方法の適切さ	11 (15.3)
A13	Accuracy	文章構成力	連結詞の使用	2 (2.8)
A14	Accuracy	文章構成力	その他（語数）	10 (13.9)
小　計				41 (56.9)
A21	Accuracy	言語的正確さ	語彙使用の適切さ	7 (9.7)
A22	Accuracy	言語的正確さ	文法的誤り	12 (16.7)
A23	Accuracy	言語的正確さ	表記上の誤り	3 (4.2)
A24	Accuracy	言語的正確さ	その他	9 (12.5)
小　計				31 (43.1)
合　計				72 (100)

表6-5 評価基準（評価の観点）出現頻度：Communicability

コード	カテゴリー	サブ・カテゴリー	評価基準（評価の観点）	頻度(%)
C11	Communicability	伝達内容の質	言語使用能力	2 (3.3)
C12	Communicability	伝達内容の質	考えや意図の明瞭さ	18 (29.5)
C13	Communicability	伝達内容の質	構文力・語彙力	11 (18.0)
C14	Communicability	伝達内容の質	その他	2 (3.3)
小　計				33 (54.1)
C21	Communicability	情報伝達の効果	そつのなさ	13 (21.3)
C22	Communicability	情報伝達の効果	関連性	3 (4.9)
C23	Communicability	情報伝達の効果	情報量（理由の数）	10 (16.4)
C24	Communicability	情報伝達の効果	その他	2 (3.3)
小　計				28 (45.9)
合　計				61 (100)

21.3％）であった。また、「伝達内容の質」と「情報伝達の効果」の評価基準としての活用頻度については、前者が54.1％、後者が45.9％という結果であり、Accuracyと同様に、両サブ・カテゴリーがバランスよく活用されたことがわかる。

2）評定傾向の変化

　FACETS分析により、評定者は両タスクによる評定および全体的印象による評定に対して独自の評価バイアスを持たずに評定を行うことができたことがわかった。しかし評定セッションと評価タスクとのバイアス分析を行っ

表6-6　評定傾向の変化に影響を与えたカテゴリー

サンプル	評定（Session 1 → Session 2）	影響を与えたカテゴリー
S2	3 → 4	C23
S12	4 → 5	C12, C23
S14	3 → 4	C12, C23
S20	2 → 3	C11, C12, C21

た結果、Session 1 においては Communicability の評定が厳しい傾向が、また Session 2 においては Communicability の評定があまい傾向が見られた。表6-6によると、両セッションにおける評定傾向の変化に影響を与えたカテゴリーは、C12（考え方や意図の明瞭さ）およびC23（情報量）であると考えられる。これらのカテゴリーに分類されたプロトコル・データは下記の通りである。C12については「情報伝達の効果」におけるC21（そつのなさ）と併せた観点から評価が行われており、評定における葛藤（conflict）が派生している。また、C23については、情報量の多さが評価基準であることを認識しつつも、「言語的正確さ」の観点である「誤り」の影響を受けていることがわかる（下線部参照）。

C12（考え方や意図の明瞭さ）
S12「えー、まあ、はっきりと内容が伝わってきます」
S14「まあ十分に内容は、えー、伝わってきますが、そつなくこなしているほどではないということで4にしました。」
S20「書かれていることの半分は内容的にも理解できます……不確かな部分が半分あるかなと思います。とした場合に、半分半分っていうことは、3でもいいのかな？　いや、これは2なんだろうか……間違いが多いとみなして2になるのか。ちょっと、その部分での『わりと当てはまる』と『少し当てはまる』っていうところが少し悩みますが、えー、うーん、課題の一部に解答しているっていうことで、えー、3にしました。どうなんでしょう？」

C23（情報量）
S2「えーと、課題に対する解答は数多く挙げられているし……本人が、こう、えー、本人の考えを伝えようっていうふうな部分はよく見えるんですが、やはり表記的な部分とか、まあ単語の間違いとかもちょっと気になってしまう。それが評価の基準がちょっとずれてしまっているっていうことが、評価者、私自身の、えー、それは混同してはいけない部分だと思いつつも、ちょっと3回読んで、迷ってしまっています。うーん、じゃあ、これを4に、とりあ

えず4にしてみますが、どうでしょうか。」
S12「えー、課題に対して十分解答できているかなと思うので、これが（評定）5でいいかなと思います。」
S14「えー、かなり解答はできていると思いますし、まあ十分に内容は、えー、伝わってきますが、そつなくこなしているほどではないということで4にしました。」

Accuracyに関しては、両セッション共に測定値と期待値がほぼ一致しており全体としての評定傾向の変化は認められないが、セッション間の評定結果が上昇に転じたもの、下降に転じたものがそれぞれ4例あり、評定の一致度はCommunicability（80％）に比べむしろ低率（60％）となった。両セッションにおける評定結果が、「上昇」に転じた例、「下降」に転じた例のプロトコル・データは下記の通りである（表6-7）。

表6-7　評定結果の変化に影響を与えたカテゴリー

サンプル	評定（Session 1 → Session 2）	影響を与えたカテゴリー
S10	3 → 4	A12, A21, A22
S12	4 → 5	A11, A12, A21, A22, A24
S13	3 → 4	A11, A12, A14
S18	4 → 5	A11, A12, A24
S1	4 → 3	A11, A12
S2	4 → 3	A22, A24
S17	3 → 2	A11, A12, A22
S20	4 → 3	A11, A24

［上昇］
S10「えー、何故それが好きかっていうような理由とかも表している（A12）ので、そういう点では、何か書いた子の、オリジナリティがあって、5にしたいなっていうところなのですが、うーん、若干間違いがあるっていうことで、じゃ、4にしてみました。」

S12「12番は、5でいいかなと思いました。えーと、文章の構成とか展開が、えー、とても分かりやすかったです（A11）。そして自分のことについて伝えることを、内容を精選してあって（A12）、まあ、そのことについての、こう、様子が分かるというふうな部分。えー、間違いも少なく…ほとんどないし（A21）。」

S13「えーと、段落分けがやや分かりにくかったこと（A11）、それから、えーと、話の展開、文章の展開がやや、えー、強引さが感じられますが（A12）、全体としては、書いている人の書きたいっていうことが理解できる（A14）ので、うーん、4番でいいか…4でいいかなというふうに思います。4でいいかな……3？」

S18「えーと、5でいいでしょうかね。えーと、やや、えー、やや誤りも見られますが（A24）、えーと、自分……えーと、文章の構成とか展開が比較的分かりやすい（A11）かなというふうに思いました。えー、自分の伝えようということを絞って、まあ、そのことに関係したことを、こう、つなげていっている（A12）ので。」

［下降］

S1「えーと、内容的にはよく理解できる（A11）けれども、その、文章の展開っていうのが、いま一つ、あの、説得力に欠けるかなっていう……。展開が、えー、展開がもう少し考えてできるとさらにいい文章になる（A12）かなと思ったので、えーと、この人は3です。」

S2「動詞の使い方の部分での、こう、間違いがあり（A22）、ちょっとそれが気になるなっていうこと、まあ、前置詞の使い方…前置詞にも間違いが見られました（A22）。えーと、やや……やや分かりにくい、えー、文章があったので（A24）、これも3……。」

S17「えーと、2に……2にしました。えーと、何かな。いくつか間違いがあった。えー、単数・複数の部分であったりとか、まあ冠詞の部分で間違いがあった（A22）ので……っていうこと。それから、文章の構成が…構成が不十分である（A11）。あのー、家族について言ったら、好きな食べ物で、すぐにまた、えー、はじめて行くんだよっていうような部分で、展開がもう少し、

それぞれについて詳しく書けたりすると、えー、説得力が出てくる（A12）。」S20「うーん、部分的に誤りがあって（A24）、恐らくこういうことを言いたいんだろうなっていうことは分かるんですけれども、恐らくこうなんだろうなっていうふうに考えるっていうことは、えー、正確には読み手に伝わってないっていうことだと思う（A11）……伝わっていないので、えっと、これは2にしたいと思います。」

Session 1 より Session 2 における評定値の方が「上昇」に転じた4例の内3例（S10、S12、S18）については、A12（論理・展開方法の適切さ）が評点上昇の決定要因であることがわかる。また、「下降」に転じた4例の内2例（S1、S17）についても、A12が評点下降の決定要因となっており（下線部参照）、3例（S2、S17、S20）については、A22（文法的誤り）、A24（その他）など「言語的正確さ」に分類される評価基準が勘案され、これが評点下降の決定要因になっていると考えられる。さらに、葛藤（conflict）が派生している「上昇」例（S13）を見ると、他の3例では上昇決定要因となっているA12に対しては「強引さが感じられる」という否定的なコメントがあるが、ライティングの量的効果（122語）により「書きたいって（書き表したい）いうことが理解できる」という評価基準（A14）による調停が行われている。

第4節 考察とまとめ

パフォーマンス・テストにおける評定者の役割についてLumley（2002, p.267）は、1）評定尺度におけるどの特徴に着目するかを決めること、2）評定尺度の記述から派生する不可避の葛藤を調停する方法を決めること、3）評定尺度に示される要件からテキストの印象を判定する方法を決めること、であると述べている。今回の評定者が1）〜3）の役割を適切に果たすことができていたとすれば、TBWTの評価基準は、評定者を妥当な評価行動に

誘導したと解釈することができる。このような観点から、TBWTの評価基準の妥当性について考察を試みることにする。

まず、プロトコル・データを分析した結果、Accuracyの評定においては文章構成力の観点における「文章の構成・展開」および言語的正確さの観点における「文法的誤り」に基づく評価行動が最多であった。また、Communicabilityの評定においては伝達内容の質における「考え方や意図の明瞭さ」および情報伝達の効果における「情報量（理由の数）」に基づく評価行動が最多であった。これらの結果は、評定者が主要な尺度上の特徴として「文章の構成・展開」「文法的誤り」「考え方や意図の明瞭さ」「情報量（理由の数）」に着目し、評価行動を行っていたことを意味する。さらに、各カテゴリーは25.0%、16.7%、29.5%、16.7%とバランスよく適切に活用されており、TBWTの評価基準は、評定者を妥当な評価行動に誘導したと解釈することができる。

次に、評価プロセスにおいて不可避の葛藤に関しては、「伝達内容の質」におけるC12（考えや意図の明瞭さ）と「情報伝達の効果」におけるC21（そつのなさ）、「文章構成力」におけるA12（論理・展開方法の適切さ）とA14（その他：ライティングの量的効果）、「情報伝達の効果」におけるC23（情報量）と「言語的正確さ」におけるA23（表記上の誤り）の間においてそれぞれ派生しているが、いずれも「評定の上昇」という調停結果に至っている。評定者は、40サンプル（20名×2タスク）の評定を行ったが、葛藤の派生は3サンプルのみであり、調停結果も一貫している。この結果に関連して評定者は「評価対象となる言語能力の特性の違いがあり、それに適したタスクを与えていることが興味深い」とコメントしており、評価基準に明示された各タスクの言語能力特性を十分に理解できていたために、派生した葛藤に対しても一貫性のある調停を行うことができたものと考えられる。

さらに、FACETS分析による信頼性の検証において、評定者は両タスクによる評定および全体的印象による評定に対して独自の評価バイアスを持た

ずに評定を行うことができたことが示唆されている。この検証結果は、評定者は独自の基準によるのではなく、評定尺度に示される要件（評価基準）に基づいて各テキストの評定を行い、評価対象となる言語能力特性を十分に理解して適切な評価を行ったことを裏付けている。こうした一連の行動は、Lumleyが指摘する評定者が果たすべき役割と一致するものであり、評価基準が評定者を妥当な評価行動に誘導したことを示す証左と言える。

　上述のように、今回の評定者がTBWTの評価基準によって妥当な評価行動に導かれた理由として、Session 1における評定経験が、Session 2に対する評定トレーニングとして機能したことが考えられる。つまり、今回の評定者は2008年に一連のプロセスを経験し、評定プロセスにおいて要求される評価行動については熟知していたと言える。また、Session 1の段階において「評価基準とサンプルがあったことにより、それぞれのタスクの評価目的が明確になり理解しやすく、評価する際に非常に役立つと思った」とコメントしている通り、すでに評価基準およびサンプルを活用した妥当性のある評価行動が行われていたと考えられる。それから2年を経過して行われたSession 2であるが、思考表出法による行動分析の結果から「トレーニングを受けた評定者は、評定プロセスにおいて要求される内容を感知し、評定に関わる自己判定についての説明（to frame the descriptions of their judgements）を尺度に基づいて行う」というLumley (2002)の指摘と一致する評価行動への誘導が、TBWTの評価基準によって行われたことが明らかになったと言える。

　従来、パフォーマンス評価（performance assessment）は、評定者の主観的な価値判断によるところが大きいと考えられてきたが、今回の検証結果は、妥当性のある評価基準によって評価行動を促すことにより、パフォーマンス評価に客観性を与えることができるという可能性を示唆するものと言える。

第7章

本調査3

　本章では、本調査1・2の結果からその必要性が示唆された「TBWT評定者のためのトレーニング」をプログラム化し、実際に現職中学校教師を対象として行ったトレーニングの効果について検証を行っている。

第1節　研究課題

本調査3では、下記1)〜5)の研究課題について検証を行う。
1) トレーニングを受けた評定者はトレーニング・セッションをどう感じたか。
2) トレーニングを受けた評定者と受けなかった評定者の厳しさに違いはあるか。
3) トレーニングを受けた評定者と受けなかった評定者の一貫性に違いはあるか。
4) トレーニングを受けた評定者と受けなかった評定者の特定受験者に対するバイアスに違いはあるか。
5) トレーニングを受けた評定者と受けなかった評定者の評価タスクに対するバイアスに違いはあるか。

第2節　研究方法

1. 評定者グループの構成
1) トレーニングを受けた評定者（Trained Raters: TRN）
　本調査1・2と同一の評価対象データ（20名分）の評定を行う前に、評価タスクとそれぞれの評定尺度について説明を受け、予行演習を通して一連の評定作業を経験したグループ。Y県の公立中学校において英語科を担当している教職経験5年以内の新人女性教師5名で構成される。

2) トレーニングを受けなかった評定者（Untrained Raters: UNTRN）
　本調査1・2と同一の評価対象データ（20名分）および『評定の手引き（改訂版）』を郵送し、評定作業の依頼を行ったグループ。Y県の公立中学校において英語科を担当している教職経験10年以上現職教師5名（男性4名、女性1名）で構成される。

2. 評定者トレーニングとセッションの内容
　評定者トレーニングの有用性や評定に与える効果に関しては、これまでにさまざまな調査が行われてきているが、下記の(1)～(3)は一致する見解として容認することができる。
　(1) 評定プロセスにおいて、評定者ごとに差異が生じることは必然であり、評定に対する厳しさの度合いが同等になるようにトレーニングすることは不可能である（Linacre, 1989; Lumley & McNamara, 1995）。
　(2) 評定者トレーニングは、評定に対する厳しさの違いから派生する極端に異なる採点結果を減少させ、各評定者の評定一貫性を高める上で効果がある（Weigle, 1994; Wigglesworth, 1993）。
　(3) 評定者トレーニングは、評定者内一貫性の増大により、評定全体とし

ての一貫性を高め（McNamara, 1996）、トレーニングの中心となる部分は測定対象となる言語運用能力の定義を理解することである（Weigle, 1994）。

これらの見解によると、評定トレーニングとは、各評定者の採点結果を一致させること（評定者間信頼性）を目的とするのではなく、各評定者の一貫性（評定者内信頼性）を高めることを目的として行うことになる。そして、評定の一貫性を高めるためには、具体的な評価基準や評価例などを通して、測定対象となる言語運用能力の定義を理解することが効果的であると考えられる。

今回のトレーニング・セッションは第1から第3までの3ステージで構成され、全体で約1時間の内容である。TRN 5名に対して、2010年7月から8月にかけて個別に実施された。各ステージの内容は下記の通りである。

1）第1ステージ

評定者に『評定の手引き（改訂版）』を熟読するように依頼し、TBWTの理論的背景、評価タスクの構成と内容、実施方法、評価基準に対する理解を促した。ただし、「Ⅳ．評価基準とサンプル（付録pp.167-178）」の「サンプル」は演習教材として使用するために手引きからは事前に割愛し、Accuracy、Communicability評定尺度の下位概念（文章構成力と言語的正確さ、伝達内容の質と情報伝達の効果）および5段階カテゴリーの各解説を読むように依頼した。

2）第2ステージ

評定者に、演習教材として確保しておいた1～5段階のAccuracyのサンプルを提示し、5つサンプルの評定を依頼した。同様に、Communicabilityのサンプルについても1～5段階の評定を依頼した。それぞれの評定結果を、各サンプルに事前に与えられていた評定と照合し、評価基準・評定尺度

に対する理解度・習熟度の確認を行った。その後、サンプルを回収し、それぞれのタスクについて 2 度目の評定を依頼した。初回の評定結果との照合により、評定一貫性の確認を行った。

3) 第 3 ステージ

評定者にトレーニングを受けた感想を尋ね、評価基準や評定尺度、評定の手順などに関する質問があれば受け付けて回答した。トレーニングの最大のねらいは、評定者内一貫性を高めることにあるので、構成概念であるAccuracy、Communicabilityおよびその下位概念、評定尺度の記述子やサンプルの解説などが事前に十分理解できているかを確認し、不十分な点が感じられた場合には補足説明等を行った。

3. データの収集と分析

TRN に関しては、トレーニング・セッション終了後に 10 分間の休憩を取り、その後、Accuracy、Communicability、Impression の順に 20 名の評価対象データの評定および「評定トレーニング・評定作業に関するアンケート」(付録p.182)を依頼し、評定結果とアンケート回答をその場で回収した。一方UNTRNに対しては、評価対象データとあわせて封入した手順書により、(1) Accuracyタスクの内容確認と評定、(2) Communicabilityタスクの内容確認と評定、(3) 両タスクの評定結果に基づく全体的印象（Impression）による評定、(4)「評定の手引き・評定作業に関するアンケート」(付録p.186)を作業内容として提示し、評定結果を郵送するように依頼した。

データ分析に際して、まず両グループに対するアンケート調査に関しては、度数による量的分析と自由記述内容による質的分析を行う。また、テスト・データ（評定結果）の比較分析についてはFACETS, Version 3.65 プログラム（Linacre, 2009）を使用して、TBWTを実施する際に相互に影響し合う 3 つの要因（20 名の受験者能力、TRN および UNTRN、評価タスクと

全体的印象評価）が相互に影響し合う度合いについて分析を行う。両グループの評定結果の信頼性と一貫性、評定者と受験者・評価タスクとのバイアス分析の結果に基づき、トレーニング・セッションの効果検証を行う。

第3節　結　果

1. アンケート回答の分析

　TRN 5名を対象として実施した「評定者トレーニング・評定作業に関するアンケート」の回答状況は、表7-1・7-2の通りである。

　上記の結果から、5名のTRNはTBWTの評定作業を行う上で「評定者トレーニング」が有効である（役立つ）ことをおおいに（100％）認めていると解釈することができる。また、自由記述には「サンプルを活用したトレー

表7-1　評定者トレーニング・評定作業に関するアンケート結果（質問1-3）

質問内容	おおいに役立つ	役立つ	役立たない
1.「はじめに」の内容	5（100％）	0	0
2.「評価タスク」の解説	5（100％）	0	0
3.「評価手順」の説明	5（100％）	0	0

表7-2　評定者トレーニング・評定作業に関するアンケート結果（質問4-9）

質問内容	強くそう思う	そう思う	そう思わない	強くそう思わない
4.「正確さ」の定義は理解できた	2（40％）	3（60％）	0	0
5.「正確さ」の評価は行いやすい	0	5（100％）	0	0
6.「正確さ」のサンプルを活用したトレーニングは評定に役立つ	5（100％）	0	0	0
7.「伝わりやすさ」の定義は理解できた	2（40％）	3（60％）	0	0
8.「伝わりやすさ」の評価は行いやすい	0	5（100％）	0	0
9.「伝わりやすさ」のサンプルを活用したトレーニングは評定に役立つ	5（100％）	0	0	0

ニングにより、評定作業の手順に慣れることができた（評定者1）」「『評定の手引き』を読み終えた段階では評価基準が十分に理解できていなかったが、トレーニングを通して理解することができた（評定者2）」「トレーニングにより、（評定尺度上の）各カテゴリーに当てはまるライティング・サンプルのレベルを把握することができた（評定者3）」「サンプルを実際に評定する作業を通して、評価基準に関する理解を深めることができた（評定者4）」「評定者トレーニングにより、評定に対する自信を持つことができた（評定者5）」というコメントが書かれており、表7-1・7-2の回答結果を裏づける内容と解釈することができる。

　一方、UNTRN 5名を対象として実施した「評定の手引き・評定作業に関するアンケート」の回答状況は、表7-3・7-4の通りである。5名のUNTRNはTBWTの評定作業を行う上で『評定の手引き（改訂版）』が有効である（役立つ）ことを認めていると解釈することができる。しかし、質問

表7-3　評定の手引き・評定作業に関するアンケート結果（質問1-3）

質問内容	おおいに役立つ	役立つ	役立たない
1.「はじめに」の内容	3（60%）	2（40%）	0
2.「評価タスク」の解説	5（100%）	0	0
3.「評価手順」の説明	5（100%）	0	0

表7-4　評定の手引き・評定作業に関するアンケート結果（質問4-9）

質問内容	強くそう思う	そう思う	そう思わない	強くそう思わない
4.「正確さ」の定義は理解できた	0	5（100%）	0	0
5.「正確さ」の評価は行いやすい	1（20%）	4（80%）	0	0
6.「正確さ」のサンプルは評定に役立つ	1（20%）	4（80%）	0	0
7.「伝わりやすさ」の定義は理解できた	0	5（100%）	0	0
8.「伝わりやすさ」の評価は行いやすい	0	5（100%）	0	0
9.「伝わりやすさ」のサンプルは評定に役立つ	1（20%）	4（80%）	0	0

6および9に対する回答状況が、TRNのそれとは異なることがわかる。つまり、TRNに関しては5名全員がトレーニングの効果を「強く認めている」のに対し、UNTRNに関しては、1名が「評定の手引き」に掲載されているライティング・サンプルの有用性を強く認めているが、他の4名は「そう思う」のレベルである。両グループに提示されたサンプルは同一のものであるが、「評定の手引き」による提示よりも、トレーニングの中で操作を伴いながらサンプル提示が行われた方が、評定者に与える効果が大きいことを示唆する結果と考えられる。これらの結果から、トレーニングを受けた評定者の方が、TBWTの具体的な評価基準や評価例などを通して、測定対象となる言語運用能力の定義をより確かに理解することができたものと推測することができる。

2. FACETSによるテストデータの分析

図7-1は、相互に影響し合う要因として想定した「評定者（Raters）」「受験者能力（Students）」「タスク（Tasks）」の測定結果を同一間隔のlog尺度上に表示したものである。評定者に関しては、UNTRN3が最も厳しく、TRN2が最もあまい評定を行うことを示している。20名の受験者に関しては、受験者9の能力が最も高く、受験者4・11の能力が最も低い。また、評価タスクの困難度に関しては、AccuracyタスクとCommunicabilityタスクに差違はなく、全体的印象による評定もほぼ同程度であったことがわかる。S.1-3は、タスクおよび全体的印象それぞれに対する評定尺度を表している。

図7-1に示される通り、受験者の能力値は概ね12ロジット（−6～6）の範囲にわたって分布している。FACETSにより算出される「separation value」は9.22であり、20名の受験者のライティング能力が9段階に類別されていることを意味する。また、「信頼性指数（reliability index）」は0.99であり、測定結果は受験者のライティング能力を表す数値として信頼性が

```
+---------------------------------------------------------+
|Measr|-Raters    |+Students  | -Tasks         | S.1| S.2| S.3|
|-----+-----------+-----------+----------------+----+----+----|
|  7 +             +           +                 + (5)+ (5)+ (5)|
|                                                              |
|                 | 9                                          |
|  6 +             +           +                 +    +    +   |
|                                                              |
|                                                              |
|  5 +             + 6         +                 +    +    +   |
|                                                              |
|                 | 18                                         |
|  4 +             +           +                 +    +    +   |
|                                                | 4  |    | 4 |
|                 | 12                                         |
|  3 +             + 7         +                 +    + 4  +   |
|                                                              |
|                 | 14                                         |
|  2 +             + 13        +                 +    +    +   |
|                                                              |
|                                                              |
|  1 +             + 1   19    +                 +    +    +   |
|       UNTRN 3                                                |
|                             | Communicability |    |    |   |
|  0 *                * 10    * Accuracy        * 3  *    * 3 *
|       UNTRN2  TRN3          | Impression      |    | 3  |   |
|       TRN4                  | 15  17  8                      |
| -1 +  TRN4       + 2         +                 +    +    +   |
|       UNTRN4  TRN1                                           |
|       UNTRN5                                                 |
| -2 +  UNTRN1  TRN5+          +                 +    +    +   |
|                 | 20                                         |
|       TRN2                                                   |
| -3 +             + 3         +                 +    + 2  +   |
|                                                              |
|                                                | 2  |    | 2 |
| -4 +             + 5         +                 +    +    +   |
|                                                              |
|                 | 16                                         |
| -5 +             +           +                 +    +    +   |
|                                                              |
|                 | 11  4                                      |
| -6 +             +           +                 + (1)+ (1)+ (1)|
|-----+-----------+-----------+----------------+----+----+----|
|Measr|-Raters    |+Students  | -Tasks         | S.1| S.2| S.3|
+---------------------------------------------------------+
```

図 7-1 FACETS サマリー

高いことが確認された。評定者については－1から－2ロジットの範囲に、TRN/UNTRNがそれぞれ3名ずつ近接して分布している。しかし、1名のTRNと2名のUNTRNには厳しい傾向が、1名のTRNにはあまい傾向がそれぞれ見受けられ、評定者の厳しさのレベルは異なっていることがわかる。

1) トレーニングを受けた評定者と受けなかった評定者の厳しさに違いはあるか。

表7-5は、10名の評定者の特性に関するFACETS分析の結果である。厳しさ（severity）は、最も厳しいUNTRN3（0.53）と最もあまいTRN2（-2.58）の差が3.11ロジットとなっている。この差を「Fair-M average」の値で見ると0.86（3.72-2.86）であり、尺度1カテゴリーに対して86％の差であることがわかる。また、両グループの平均値の差も示されており、評定の厳しさに関しては、UNTRN（－0.92ロジット）の方がTRN（－1.51ロジット）よりも厳しい評定を行ったと解釈することができる。「Separation index」は、平方平均の標準誤差に対する評定者の標準偏差比率を示す値である。評定者の厳しさが同等である場合、その推定値の標準偏差はデータ全体の誤差推定平均値と同じあるいは小さくなる。しかし、全10名の評定者に対する「Separation index」は3.56であり、評定者間の厳しさの違いが、誤差の推定値よりも3倍以上大きいという結果になっている。さらに、評定者の厳しさが一貫して異なる度合いを示す「Reliability of separation index」は0.93と高く、カイ自乗検定の結果からも、10名の評定者間には評定の厳しさにおける有意差が認められる。

標準偏差に基づいて両グループの評定の厳しさの違いを見ると、TRNが0.79であるのに対してUNTRNは0.96となっており、UNTRNの評定者間における方が、厳しさの違いが大きいことがわかる。このことは、各5名の評定者に対する「Separation index」TRN（2.99）、UNTRN（3.70）からも明らかである。しかし、評定の厳しさにおける評定者間の有意差は、両グ

表 7-5　評定者の特性に関する FACETS 分析結果

Rater	Fair-M average	Severity (logits)	Error	Infit (mean square)
UNTRN3	2.86	0.53	0.25	1.35
UNTRN2	3.05	-0.20	0.25	1.11
TRN3	3.08	-0.32	0.25	0.75
TRN4	3.27	-1.06	0.25	0.79
UNTRN4	3.30	-1.19	0.25	0.90
TRN1	3.38	-1.44	0.25	0.82
UNTRN5	3.45	-1.69	0.25	0.77
UNTRN1	3.57	-2.06	0.25	1.34
TRN5	3.59	-2.13	0.25	0.64
TRN2	3.72	-2.58	0.26	1.29
Mean-All	3.33	-1.21	0.25	0.98
SD	0.26	0.93	0.00	0.26
Mean-TRN	3.41	-1.51	0.25	0.86
SD	0.23	0.79	0.00	0.22
Mean-UNTRN	3.25	-0.92	0.25	1.10
SD	0.26	0.96	0.00	0.23

All raters: Separation: 3.56 Reliability = 0.93; fixed (all same) chi-square: 137.1, df: 9; significance: 0.00

TRN raters: Separation: 2.99 Reliability = 0.90; fixed (all same) chi-square: 49.7, df: 4; significance: 0.00

UNTRN raters: Separation: 3.70 Reliability = 0.93; fixed (all same) chi-square: 73.8, df: 4; significance: 0.00

ループ共に認められる。

2) トレーニングを受けた評定者と受けなかった評定者の一貫性に違いはあるか。

　情報量に基づく適合度指標である「Infit」に関しては、全員が［平均値（0.98）±標準偏差（0.26）× 2］の範囲内にあり、10 名の評定者が一貫性のある評定を行ったことが確認された。しかし、グループごとに見てみると、TRN は「Infit」の平均値が 0.86、標準偏差が 0.22 であるのに対し、

UNTRNについてはそれぞれの値が1.10、0.23となっている。標準化されたInfit数値とは、平均値が0、標準偏差が1となることから、TRNに比べUNTRNの方がやや評定一貫性に欠けると言える。

3) トレーニングを受けた評定者と受けなかった評定者の特定受験者に対するバイアスに違いはあるか。

表7-6は、10名の評定者の厳しさ×20名の受験者能力（合計200組）のバイアス分析において、バイアス評定が行われた17のケースを受験者能力別に分類した結果を表している。3.0ロジット以上の能力を持った3名の受験者に対して行われた5つのバイアス評定の内、受験者18に対して、TRN、UNTRN各1名が厳しい評定を行った。また、受験者12に対しては、1名のUNTRNは厳しく、別のもう1名のUNTRNはあまく評定を行っている。−2.99〜2.99ロジットに分類される受験者に対しては、9つのバイアス評定が行われた。受験者1に対して、TRN、UNTRN各1名が厳しい評定を行っている。受験者3に対しては、3名のUNTRNがバイアス評定を行っており、内2名は厳しく、1名はあまく評定を行った。3.0ロジット以下の受験者に対しては、バイアス評定は3ケースのみであり、3名のTRNがいずれもあまい評定を行っている。

上記の結果を総括すると、TRNはバイアス評定全7ケースの内、3ケース（43％）について「あまい評定」を行っているのに対し、UNTRNは全10ケースの内、7ケース（70％）について「厳しい評定」を行っている。

表7-6　バイアス評定が行われた受験者能力別ケース数

受験者能力		評定が厳しい(Harsh)		評定があまい (Lenient)	
(ロジット)	N	TRN	UNTRN	TRN	UNTRN
3.00 higher	5	1	3		1
-2.99-2.99	9	3	4		2
-3.00 lower	3			3	

これらの結果は、トレーニングを受けた評定者は受けなかった評定者に比べあまく評定を行う傾向にあることを示唆している。また、バイアス評定のケース数に関しては、TRNの場合には7ケースあり、バイアス評定を受けた受験者数は6である。具体的には、受験者5に対して2名のTRNがバイアス評定を行い、両者共にあまく評定した。これに対して、UNTRNの場合には7名の受験者に10ケースのバイアス評定が行われている。この内、受験者12に対してバイアス評定を行った2名のUNTRNについては、1名が厳しくもう1名はあまく評定を行っている。さらに、受験者3に対しては3名がバイアス評定を行い、1名はあまく、2名は厳しく評定を行っている。これらの結果を見ると、バイアス評定のケース数に関しては、TRNとUNTRNに大きな差はないが、その内訳を見るとUNTRNの方が評定者内一貫性にやや欠けることがわかる。

4) トレーニングを受けた評定者と受けなかった評定者の評価タスクに対するバイアスに違いはあるか。

2種類の評価タスクおよび全体的印象による評定結果（表7-7）によると、Infit数値が、[平均値（0.97）±標準偏差（0.15）×2]の範囲内にあることから一貫した評定が行われたことがわかる。また「Reliability of separation

表7-7　評価タスクおよび全体的印象による評定結果

	Difficulty (logits)	Error	Infit (mean square)	Estimate of Discrimination
Aタスク	.02	.14	1.08	.92
Cタスク	.17	.13	1.08	.91
全体的印象	-.19	.14	.76	1.26
平均値	.00	.14	.97	
標準偏差	.15	.00	.15	

Note. Reliability of separation index = 0.13; fixed (all same) chi-square: 3.5, df:2; significance: p = 0.17

index」とカイ自乗検定の結果によると、評価タスクの困難度における差違は認められない。さらに、パーシャル・クレジット・モデルの場合には、「Estimation of Discrimination」が 0.5 から 1.5 のレンジにあればラッシュモデルに適合する（Linacre, 2007, p.132）と言われるが、評価タスクおよび全体的印象のそれが 0.92、0.91、1.26 となっており、評定結果はモデルに適合することが確認された。

　また、10 名の評定者と 2 種類の評価タスクおよび全体的印象評価のバイアス分析（30 ケース）を行ったところ、1 例（TRN 2 × Accuracy タスク）のみがバイアスが有意である基準（z 得点が − 2.0 以下あるいは 2.0 以上）に該当し、この評定者は 20 名の Accuracy タスク評価において、一貫して厳しい評定を行ったことがわかった。さらに、各評定者の評定一貫性を表す「Infit」に関しては、平均値（$M = 0.9$）と標準偏差（$SD = 0.3$）から、0.3 〜 1.5 の範囲が一貫性の基準となるが、UNTRN1 × Communicability タスクは Infit 数値が 1.8 となり、モデルに適合しなかった。つまり、この評定者は Communicability タスクに対して一貫した評定を行うことができなかったことが判明した。

第 4 節　考察とまとめ

1. 考察と示唆

　アンケート回答の分析や FACETS 分析の結果から、1) ライティング・サンプルは、「評定の手引き」によって提供されるよりも、トレーニングの中で操作を伴いながら提示が行われた方が評定者に与える効果が大きい、2) トレーニングを行わない評定者の方がトレーニングを行った評定者よりも厳しい評定を行う、3) 各評定者はタスクに対して一貫した評定を行うことができたが、トレーニングを行った評定者に比べ、トレーニングを行わない評定者の方がやや評定者一貫性に欠ける、4) 特定受験者に対するバイアス評

定のケース数に関しては、両グループに大きな差はないが、その内訳を見るとトレーニングを行わない評定者の方が評定の一貫性にやや欠ける、5）特定タスクに対するバイアス・パターンがモデルと適合しない評定者も、それぞれ1名ずつ見られたことなどが明らかにされた。

　まず、トレーニングを受けた評定者間においても、評定の厳しさに有意な違いが見られたという結果については、これまでの評定者トレーニングに関わる先行研究の結果（Lunz et al., 1990; McNamara, 1996; Weigle, 1998）と一致する。トレーニングにより各評定者の評定結果の一致を目ざすことは達成し得ないことであり、だからこそ、本研究におけるように評定者間の違いを前提とした分析を可能にするためにFACETSを活用することに意義があると言える。

　次に、トレーニングの有無によらず、各評定者が一貫した評定を行うことができたという結果に関しては、「評定の手引き」を参照・活用することにより、TBWTにおいて評価対象となる能力（AccuracyおよびCommunicability）や評価タスクに関する理解が深まり、評定尺度の共有化が図られ、各評定者が一貫性のある評定を行うことができたからであると考えられる。この点は、本調査1においても確認されており、また、今回のアンケート回答によっても裏づけられたと言える。しかし、バイアス分析の結果によると、トレーニングを受けた評定者と受けなかった評定者の間には、評定の一貫性に関わる微妙な違いが見られ、トレーニングを行うことは評定者内一貫性を高める上で効果があることが確認された。

　なお、評価タスクに関しては30例のバイアス評定が見られたが、その内1例（TRN 2 × Accuracyタスク）のみが有意であり、また、モデルに適合しないケースが1例（UNTRN 1 × Communicabilityタスク）あった。トレーニングの有無によらず、今回の評定者全員にとって、TBWTの評定作業は初めてであったが、バイアス評定が極めて少ないことが明らかになった。本研究の理論的基盤である、評価タスクの開発は構成概念に基づいて行い、テ

スト・パフォーマンスについては言語処理に関わる条件操作を加味して実施するという「構成概念に基づく言語処理的テスト法」の考え方に基づくタスク開発は、信頼性・妥当性のあるライティング能力測定につながることが確認されたと言える。

2. 本調査 3 のまとめ

　アンケート回答の分析により、評定者トレーニングは評定者内一貫性を高める効果があることが確認された。テストデータ（評定結果）の分析からは、これまでに TBWT の評定を行ったことがなかった 10 名の評定者が、トレーニングの有無によらず、全員が一貫性のある評定を行うことができたことがわかった。しかし、バイアス分析の結果によると、トレーニングを行った評定者に比べ、トレーニングを行わない評定者の方が特定の受験者に対するバイアス評定を行う傾向が強く、やや評定の一貫性に欠けることがわかった。また、評価タスクに関しては、バイアス評定が極めて少なく、「構成概念に基づく言語処理的テスト法」の考え方に基づくライティング能力測定には信頼性・妥当性があることが確認された。

　本調査 3 のまとめとして、本調査 2 で妥当性が確認された評価基準によって、ライティング・サンプルを実際に評定するというトレーニング・メニューは、TBWT 評定者の一貫性を高める上で効果的であることが確認された。しかし、小規模の調査による結果であることは否めず、今後はより多くの現場教師に TBWT の評定を依頼してトレーニングの効果検証を継続し、また、「構成概念に基づく言語処理的テスト法」の考え方に基づいて新しい評価タスクの開発にも取り組む必要があると考えられる。

第8章

本調査4

　本章では、これまでの調査結果からその信頼性・妥当性が示唆された「構成概念に基づく言語処理的テスト法」に基づくタスク開発手法により、実際に複数の新しい評価タスクを開発し、オリジナル・タスクと困難度の照合を行った結果について分析を行っている。

第1節　研究課題

　本調査4の研究課題は、以下の通りである。
　「本調査の目的は、オリジナルのAccuracyおよびCommunicabilityタスク（旧タスクと呼ぶ）と新たに開発された評価タスク（新タスクと呼ぶ）の困難度の同等性を検証し、同レベルの評価タスクを開発する方法について検討を行うことである。」

第2節　研究方法

1．調査対象者

1）評価タスク調査者（Task examiners）

　Y県の公立中学校において英語科を担当している教職経験10年以上の現職男性教師3名で構成され、本調査3において旧タスクの評定経験を持つ。

2）受験者（Students）

　Y大学医学部看護学科において2011年度後期に総合英語科目を履修した2年生（24名）で構成される。コース開始時（2011年10月）に受験した英語コミュニケーション能力テスト（CASEC）の平均点は448.7点（1000点満点、最高561点、最低346点）であった。

3）評定者（Raters）

　評定は、Y県の複数大学において英語科目を担当している2名の大学英語教員が担当した。両者ともに20年以上の教職経験を持ち、今回の評定作業に先立ち評定者トレーニングの一環として2011年8月に、旧タスクの評定を経験している。ライティングの指導および評価に関する実践・研究等に取り組んでいる。

2．データの収集と分析

　構成概念に基づく言語処理的テスト法（第2章第2節）の枠組みに沿って、AccuracyおよびCommunicability各4種類の評価タスク（合計8タスク）を開発した（付録p.190）。3名の評価タスク調査者に対しては、旧タスク（A1・C1）と新タスク（A2～A5, C2～C5）を合わせて郵送し、8つの質問項目からなる「ライティング・タスクに関するアンケート」（付録p.201）

への回答を依頼した。質問項目はAccuracyタスクに関する「解答のための時間（20分）」「書くための意味内容に対する支援」「言語形式に対する焦点化」およびCommunicabilityタスクに関する「解答のための時間（10分）」「書くための言語形式に対する支援」「意味内容に対する焦点化」それぞれに関する「適切さ（1〜4）」、そしてオリジナル・タスクを基準（0）とした「困難度（-5〜+5）」を問う内容となっている。調査者3名の各項目合計点は表8-1の通りである。

この結果によると、Accuracyタスク3および5、Communicabilityタスク4が総合計点21で同点となり、タスクそのものが持つと考えられる「困難度」に実施上の「処理条件」を加味した総合的な困難度が同等であると判断することができる。同点となったAccuracyタスク3および5に関しては、タスクの内容・形式ともに大きな差違が認められないので、今回はAccuracyタスク3を採用することにした。

受験者24名を対象として2011年10月に、旧タスク（A1、C1）と新タスク（A3、C4）への回答を依頼した。辞書の使用は認めず、各セッション30分（Accuracyタスクが20分、Communicabilityタスクが10分）の制限時間内に書かれた解答を収集し、マイクロソフトWordに入力し、プリントアウトしたものを評価対象のデータとした。

一方、評定者に対しては、2012年2月に旧タスクを約1カ月後の3月に新タスクの評定をそれぞれ依頼した。各回ともに、評価対象データとあわ

表8-1　AccuracyおよびCommunicabilityタスク調査者による評価結果

	A1	A2	A3	A4	A5	C1	C2	C3	C4	C5
時間	9	9	8	10	8	9	8	9	8	10
支援	9	8	10	11	10	9	10	10	9	10
焦点化	9	8	10	7	10	9	10	9	9	9
困難度	0	-6	-7	2	-7	0	-3	-3	-5	4
Total	27	19	21	30	21	27	25	25	21	33

せて封入した手順書により、(1) Accuracy タスクの内容確認と評定、(2) Communicability タスクの内容確認と評定、(3) 両タスクの評定結果に基づく全体的印象 (Impression) による評定、(4) 評価基準および評定尺度に対する評価アンケートを具体的作業内容として提示し、評定結果を郵送するように依頼した。

テスト・データの分析においては、古典的テスト理論によるテストデータ分析（相関係数、分散分析）および FACETS, Version 3.65 プログラム (Linacre, 2009) を使用して、TBWT を実施する際に相互に影響し合う3つの要因 (24 名の受験者能力、2 名の評定者、新旧評価タスク) が相互に影響し合う度合いについて分析を行う。そして、新旧評価タスクの評定結果の信頼性と一貫性、評定者と受験者・評価タスクとのバイアス分析の結果に基づき、タスク困難度の同等性について検討を行う。

第3節 結　果

1. 古典的テスト理論によるテストデータの分析

表 8-2・8-3 は、2 名の評定者による2 種類の評価タスクおよび全体的印象による評定の結果である。同タイプの新旧タスクの平均点は 3.00 〜 3.38 のレンジにあり、近接していることがわかる。

表 8-4 は、新旧タスクの評定結果における、2 名の評定者の相関係数を示している。新旧2 種類の評価タスクおよび全体的印象における相関係数は 0.78 〜 0.84 のレンジにあり、平均値 0.82 という結果から、両者の評定結果には一定の信頼性があると言える。

表 8-5 は、新旧タスク・セットにおける2 種類の評価タスクおよび全体的印象による評定結果間の相関係数である。新旧2 種類の評価タスクおよび全体的印象における相関係数は 0.562 〜 0.913 のレンジにあり、いずれも 1％水準で「中程度の相関」から「強い相関」があることがわかった。タス

表 8-2 旧タスクの評定結果

	A タスク 1		C タスク 1		印象 1	
	評定者 1	評定者 2	評定者 1	評定者 2	評定者 1	評定者 2
平均点	3.38	3.21	3.42	3.33	3.33	3.21
標準偏差	0.75	0.86	0.95	0.79	0.80	0.82
最高点	5	5	5	5	5	5
最低点	2	2	2	2	2	2

注）A タスク：Accuracy タスク、C タスク：Communicability タスク、印象：全体的印象

表 8-3 新タスクの評定結果

	A タスク 3		C タスク 4		印象 2	
	評定者 1	評定者 2	評定者 1	評定者 2	評定者 1	評定者 2
平均点	3.21	3.00	3.67	3.33	3.38	3.08
標準偏差	1.04	1.15	0.75	0.80	1.07	0.86
最高点	5	5	5	5	5	5
最低点	2	1	3	2	2	2

表 8-4 評定結果における評定者間相関係数

タスク	A タスク 1	C タスク 1	印象 1	A タスク 3	C タスク 4	印象 2	平均
相関係数	.83	.78	.82	.84	.82	.81	.82

表 8-5 新旧タスク・セット間の相関係数

	旧タスク		新タスク		
タスク・セット 1	C タスク 1	印象 1	A タスク 3	C タスク 4	印象 2
A タスク 1	.562**	.896**	.856**	.626**	.792**
C タスク 1		.722**	.576**	.787**	.691**
印象 1			.792**	.728**	.833**
タスク・セット 2					
A タスク 3				.673**	.913**
C タスク 4					.796**

** $p < .01$（両側）

ク・セット全体（2種類の評価タスクおよび全体的印象評価結果の合計）の相関係数は0.83となり、両タスク・セットの評定結果には平行形式信頼性が認められる結果となった。

さらに、新旧タスク・セットにおける同タイプのタスクによる測定結果に有意な差があるかどうかを検証することを目的として分散分析（ANOVA）を行ったところ、新旧タスク・セット間に有意差はなく、タスク・セットと2種類の評価タスクおよび全体的印象による有意な交互作用も見られなかった。しかし、評価タスクと全体的印象による評価には有意差があることがわかった（表8-6）。そこで、ボンフェローニ法を用いた多重比較検定を行ったところ、同じタイプの新旧タスク間には有意差は認められなかったが、AタスクとCタスク（旧タスク：$p = .0005$、新タスク：$p = .0016$）またCタスクと全体的印象（旧タスク：$p = .0134$、新タスク：$p = .0134$）には新旧ともに有意差が認められた。

しかし、素点に基づく古典的テスト理論によるデータの分析には、評定者の評定に対する厳しさや評価タスクの困難度の違い、評定尺度の等間隔性や受験者能力のばらつきなどによる測定誤差があるので、最終的な測定結果に影響を与えると考えられるすべての要因を考慮した統計的モデルの活用を検討する必要がある。そこで、これまでの調査と同様に、FACETSプログラ

表8-6　分散分析表

Source	SS	df	MS	F	p
セット間差					
セット（S）	2.920	1	2.920	1.403	0.239
誤差	195.659	94	2.081		
セット内差					
タスク（T）	3.048	2	1.524	7.486	0.001
S × T	0.007	2	0.004	0.017	0.983
誤差	38.277	188	0.203		
Total	239.913	287			

ムを活用して、受験者の能力値、評価タスクの困難度および評定者の厳しさの度合いを、同一間隔のlog尺度上に表示し、各ファセットが予測モデルに適合しているかどうかを確認することにした。

2. FACETSによるテストデータの分析

　図8-1は、相互に影響し合う要因として想定した「評定者（Raters）」「受験者能力（Students）」「タスク（Tasks）」の測定結果を同一間隔のlog尺度上に表示したものである。評定者に関しては、評定者2の方が評定者1よりも厳しい評定を行う傾向があることを示している。24名の受験者は（*）で表示されている。今回の調査のターゲットとなる評価タスクの困難度に関しては、Communicability旧タスクが最も難しく、Accuracy旧タスクが最も易しいことがわかる。S.1-6は、新旧のタスクおよび全体的印象それぞれに対する評定尺度を表している。

1）評定者の特性に関するFACETS分析結果

　表8-7は、2名の評定者の特性に関するFACETS分析の結果である。「Separation index」は、平方平均の標準誤差に対する評定者の標準偏差比率を示す値である。評定者の厳しさが同等である場合、その推定値の標準偏差はデータ全体の誤差推定平均値と同じあるいは小さくなる。しかし、2名の評定者に対する「Separation index」は2.41であり、評定者間の厳しさの違いが、誤差の推定値よりも2倍以上大きいという結果になっている。さらに、評定者の厳しさが一貫して異なる度合いを示す「Reliability of separation index」は0.85と大きく、カイ自乗検定の結果からも、2名の評定者間には評定の厳しさにおける有意差が認められる。

　情報量に基づく適合度指標である「Infit」に関しては、2名共に［平均値（0.96）±標準偏差（0.11）×2］の範囲内にあり、2名の評定者が一貫性のある評定を行ったことが確認された。

```
+------------------------------------------------------------------------------+
|Measr|-Raters |+Students|-Tasks            | S.1 | S.2 | S.3 | S.4 | S.5 | S.6 |
|  7 +         + *       +                + (4) + (5) + (4) + (5) + (5) + (5) |
|    |         |         |                  |     |     |     |     |     |     |
|    |         | *       |                  |     |     |     |     |     |     |
|  6 +         +         +                + +   +   +   +   +   +   +
|    |         |         |                  |     |     |     |     |     |     |
|    |         |         |                  |     |     |     |     |     |     |
|  5 +         + *       +                + +   +   +—+—+   +   +
|    |         |         |                  |—|  |     |     |     |     |     |
|    |         | **      |                  |     |     |     |     |     |     |
|  4 +         +         +                + +   +   +   +   +   +
|    |         |         |                  |     |     |     | 4   |     |
|    |         | *       |                  |     |     |     |     |     |     |
|  3 +         +         +                + +   +   +   +   +   +
|    |         |         |                  |     |     |     |     | 4   |
|    |         | *       |                  |     | 4   |     |     |     |
|  2 +         + *       +                + +   +   +—+   +—+   + 4
|    |         |         |                  |—|  |     |—|  |     |     |
|    |         |         | Impression2      |     |     |     |     |     |
|  1 +         + *       + Communicability1 + +   +   +   +   +   +
|    | Rater2  |         |                  |     |     |     |     |—|
|    |         | *       | Communicability2 |     |     |     |—| 3 |
|* 0 *         * *       * Accuracy2       * 3 *   * 3 *   *   *
|    |         | ***     |                  |     |—|  |     |     |     |
|    | Rater1  |         |                  |     |     |     |     |     |
| -1 +         + *       +                + +   +   +   +   +   +
|    |         | *       | Accuracy1  Impression1|     |     |     |     |
|    |         |         |                  |—|  |     |—|  |     | 3
| -2 +         + *       +                + +   +—+   +   +   +
|    |         |         |                  |     | 3   |     | 3   |
|    |         | **      |                  |     |     |     |     |     |
| -3 +         + *       +                + +   +   +   +   +   +
|    |         |         |                  |     |     | 2   |     |     |
|    |         | *       |                  |     |     |     |     |     |
|    |         | *       |                  |     |     |     |     |—|
| -4 +         +         +                + +   +   +   +   +   +
|    |         | **      |                  |—|  |     |     |     |     |
|    |         |         |                  |     |     |     |     |     |
| -5 +         +         +                + (2) + (2) + (2) + (1) + (2) + (2) |
|Measr|-Raters | * = 1   |-Tasks            | S.1 | S.2 | S.3 | S.4 | S.5 | S.6 |
+------------------------------------------------------------------------------+
```

図 8-1　FACETS サマリー

表8-7　評定者の特性に関するFACETS分析結果

	Severity (logits)	Error	Infit (mean square)
評定者1	-.47	.18	1.08
評定者2	.47	.18	.85
平均値	.00	.18	.96
標準偏差	.47	.00	.11

Separation: 2.41 Reliability=.85; fixed (all same) chi-square: 13.6, df: 1; significance: .00

2）受験者の特性に関するFACETS分析結果

　図8-1に示される通り、受験者の能力値は概ね12ロジットの範囲にわたって分布している。FACETSにより算出される「separation value」は4.63であり、24名の受験者のライティング能力が4〜5段階に類別されていることを意味する。また、「信頼性指数（reliability index）」は0.96であり、測定結果は受験者のライティング能力を表す数値として信頼性が高いことが確認された。

3）評価タスクおよび全体的印象による評定に関するFACETS分析結果

　表8-8は、新旧の評価タスクおよび全体的印象による評定結果である。表中に、通例の分析項目に加え、今回の調査のターゲットとなる評価タスクの困難度に関するカイ自乗検定の結果についても記入している。

　「Fair-M average」の値は、ロジットで表示されるタスクの困難度（Difficulty）を評定尺度上において予測する数値である。この数値が同一のタスクである場合には、受験者はどちらのタスクにおいても同等の評定結果を受けることが予測され、この数値が異なるタスクの場合には、受験者はそれぞれのタスクにおいて異なるレベルの評定結果を受けることが予測される。しかし、Aタスク1とCタスク1については、この数値が3.35で同一であるにもかかわらず、困難度には2.25ロジットの差が見られる。これに対し、A

表 8-8　評価タスクおよび全体的印象による評定に関する FACETS 分析結果

タスク・セット	Fair-M average	Difficulty (logits)	Error	Infit (mean square)	Fixed chi-square (p)
旧（Original）					
Aタスク1	3.35	-1.32	.34	.62	
Cタスク1	3.35	.93	.31	1.30	.00
印象1	3.29	-1.21	.34	.88	
Mean-Original	3.33	-.53	.33	.93	
SD	.03	1.04	.01	.28	
新（New）					
Aタスク3	2.99	-.16	.28	1.08	
Cタスク4	3.36	.25	.33	1.08	.00
印象2	3.07	1.30	.30	.77	
Mean-New	3.14	.47	.31	.97	
SD	.16	.62	.02	.15	
Mean-All	3.24	-.03	.32	.95	.00
SD	.15	.99	.02	.22	

Original tasks: Separation: 3.00 Reliability=.90; fixed (all same) chi-square: 31.8, df: 2; significance: .00

New tasks: Separation: 1.74 Reliability=.75; fixed (all same) chi-square: 13.0 df: 2; significance: .00

All tasks: Separation: 2.95 Reliability=.90; fixed (all same) chi-square: 56.6, df: 5; significance: .00

タスク3とCタスク4に関しては、この数値に0.37の差違があるが、困難度については0.41ロジットの僅差である。これら新旧のタスク・セットについてカイ自乗検定を行ったところ、それぞれにおける2種類の評価タスクおよび全体的印象による評定結果に関しては、いずれも帰無仮説を棄却する結果（$p < 0.001$）となり、各セットにおける2種類の評価タスクによる評定結果には有意差が認められた。特に、新タスク・セットのAタスク3とCタスク4については、実際には僅差であるが、困難度が異なるという結果になった。

4）評価タスクによる評定に関するFACETS分析結果（1）

　二次分析として、実際の評価タスクによる測定に基づかない全体的印象による評定結果は除外して、AccuracyタスクとCommunicabilityタスクによる評定結果についてFACETS分析を試みることにした。表8-9は、全体的印象を除く新旧タスク・セットの困難度に関わる分析結果を表す。「Reliability of separation index」とカイ自乗検定の結果から、各タスク・セットのAccuracyタスクとCommunicabilityタスクの評定合計点により算出される評価タスクの困難度における差違は認められない。つまり、タスク・セットとしては新旧における困難度は同等であることが確認された。

表8-9　タスク・セットによる評定に関するFACETS分析結果

タスク・セット	Fair-M average	Difficulty (logits)	Error	Infit (mean square)	Fixed chi-square (p)
旧タスク	4.85	-1.77	1.07	.71	.52
新タスク	4.21	-.89	.87	1.25	
平均値	4.53	-1.33	.97	.98	
標準偏差	.32	.44	.10	.27	

Separation: 0.00 Reliability=.00; fixed (all same) chi-square: .4, df: 1; significance: .52

　表8-10は、新旧の評価タスクによる評定に関するFACETS分析結果である。新旧タスク・セット間の困難度平均値は、旧セットが-0.16、新セットが0.02であり、その差はわずかに0.18ロジットである。旧セットのAタスク1とCタスク1については、困難度の差が2.21と大きく、2種類の評価タスク間には有意差が認められた（$p<0.001$）。これに対し、新セットのAタスク3とCタスク4に関しては、困難度の差が0.43ロジットの僅差である。カイ自乗検定の結果からも、両タスクの有意差は認められず（$p=.32$）、困難度は同等であることが確認された。

表8-10　評価タスクによる評定に関するFACETS分析結果

タスク・セット	Fair-M average	Difficulty (logits)	Error	Infit (mean square)	Fixed chi-square (p)
旧（Original）					
Aタスク1	3.37	-1.27	.32	.62	
Cタスク1	3.37	.94	.30	1.17	.00
Mean-Original	3.37	-.16	.31	.89	
SD	.00	1.10	.01	.27	
新（New）					
Aタスク3	3.01	-.19	.27	1.05	
Cタスク4	3.39	.24	.33	.98	.32
Mean-New	3.14	.02	.31	1.02	
SD	.16	.621	.03	.03	
Mean-All	3.28	.00	.31	.95	
SD	.16	.79	.02	.20	.00

Original tasks: Separation: 3.38 Reliability=.92; fixed (all same) chi-square: 24.8, df: 1; significance: .00

New tasks: Separation: .00 Reliability=.00; fixed (all same) chi-square: 1.0 df: 1; significance: .32

All tasks: Separation: 2.40 Reliability=.85; fixed (all same) chi-square: 25.9, df: 3; significance: .00

5) 評価タスクによる評定に関するFACETS分析結果 (2)

　表8-11は、同タイプの評価タスクによる評定に関するFACETS分析結果である。Aタスク間の困難度の差違は1.08ロジットであるのに対し、Cタスク間のそれは0.70ロジットである。「Reliability」の値が小さい場合には、困難度は同等とみることができるが、Aタスクの0.69は2つのタスクの困難度に違いがあることを示す値であり、Cタスクの0.19は困難度に差違がないことを示す値と解釈することができる。カイ自乗検定の結果からも、Cタスク間の有意差は認められず（p = .12）、困難度は同等であることが確認された。

表 8-11　同タイプの評価タスクによる評定に関する FACETS 分析結果

タスク・タイプ	Fair-M average	Difficulty (logits)	Error	Infit (mean square)	Fixed chi-square (p)
A タスク 1	3.37	-1.27	.32	.62	
A タスク 3	3.01	-.19	.27	1.05	.01
Mean-A	3.19	-.73	.30	.83	
SD	.18	.54	.03	.21	
C タスク 1	3.37	.94	.30	1.17	
C タスク 4	3.39	.24	.33	.98	.12
Mean-C	3.38	.59	.32	1.07	
SD	.01	.35	.01	.09	

A タスク：Separation: 1.51 Reliability=.69; fixed (all same) chi-square: 6.6, df: 1; significance: .01
C タスク：Separation: .48 Reliability=.19; fixed (all same) chi-square: 2.5

第4節　考察とまとめ

1．考察と示唆

　古典的テスト理論によるテストデータの分析やFACETS分析により、新旧タスク・セットの評定結果における平行形式信頼性の検証を試みた。その結果として、1) 古典的テスト理論による分析（相関係数）およびFACETS分析の両者において、新旧タスク・セットの評定結果には平行形式信頼性が認められた、2) 分散分析（ANOVA）により、評価タスクと全体的印象による評価には有意差が認められた、3) FACETS分析において、旧タスクの困難度は異なるが、新タスクのそれは同等であった、4) タスク・タイプ別のFACETS分析においては、Accuracyタスクの困難度は異なるが、Communicabilityタスクのそれは同等であることなどが明らかになった。

　上記1)～4) の調査結果を総括すると、2種類の評価タスクによる評定結果を合計したセット・データにおいては困難度に差違は認められない

> You are going to stay with Parker Family in Britain this summer. Write a 100-120 word letter introducing yourself to your host family. Before writing, think of the following topics.
> 　・Your name and age
> 　・Your job, profession, or major in school
> 　・Your family and pets
> 　・Your interests and hobbies
> 　・Your favorite places, foods, activities
> 　・Your experience in traveling abroad
> 　・Some things you want to do while you are in England

図8-2　Accuracy タスク1の指示

> 　次の1～10項目の内容から、日本とアメリカの大学の「相違点」を考えなさい。
>
> | | | 日本の大学 | アメリカの大学 |
> |---|---|---|---|
> | 1. | 新年度の開始 | 4月 | 9月 |
> | 2. | 夏季休業期間 | 8月～9月 | 6月～8月 |
> | 3. | 授業方法 | 講義中心 | 議論中心 |
> | 4. | 学生の学習態度 | あまり勉強しない | よく勉強する |
> | 5. | 科目の授業回数 | 基本的に週1回 | 週に2～3回 |
> | 6. | 履修科目数 | 半期に10科目以上 | 半期に5科目程度 |
> | 7. | 宿題や課題 | あまりない | たくさんある |
> | 8. | 定期試験 | 学期末に1回 | 中間試験と期末試験 |
> | 9. | プレッシャー | あまりない | ある |
> | 10. | 学費 | 親が負担 | 学生本人が負担 |
>
> Japanese and American university life has some differences. Write a 100-120 word explanation about the differences between Japanese and American university life.

図8-3　Accuracy タスク3の指示

が、個々のタスク・レベルにおいて、Accuracyタスクの困難度が異なるという結論になる。そこで、その理由を考えるために、図8-2・8-3によってAccuracyタスク1と3を見比べた時、1つの大きな違いに気づく。すなわちそれは「タスクの指示（prompt）」の違いである。

　「指示」の違いがライティング・パフォーマンスに与える効果（prompt effect）に関するこれまでの調査結果は、2つに分類することができる。1つは、「指示」の違いは、特にライティング・パフォーマンスに影響を及ぼさない（Breland et al., 2004; Hamp-Lyons & Mathias, 1994; Powers, 2005）という立場であり、もう1つは「指示」の違いはライティング・パフォーマンスに与える効果がある（Kennedy, 1994; Slater & Mickan, 2001; Weigle, 2002）とする立場である。今回の調査結果に関しては、後者の立場からAccuracyタスク1と3における「指示」の違いがライティング・パフォーマンスに影響を及ぼした結果、タスクの困難度に違いが生じたという仮説を立てることができる。

　上記仮説の根拠として、タスクにおける語彙的側面に関する調査（Slater & Mickan, 2001）が参考になる。彼らは、テスト内容の「指示」の解釈がライティング・タスクに与える影響について調査を行い、指示の読みやすさに関連する指示形式がライティングによる解答結果に影響を与えることを実証した。また、この調査結果に関連して、Weigle（2002）も外国語としての英語学習者にとって、「指示」の言い回し・表現は非常に影響力が強く、学習者の中には指示において与えられた入力言語情報を借用してライティングを行う傾向がある者も多いことを指摘している。つまり、今回の調査における旧タスク（Accuracy 1）の指示は、英語で書かれており、自己紹介のポイントとして与えられている関連情報も英語を入力言語としている。そのため、受験者はこれらの入力言語情報を借用してライティングを行うことが容易であったと考えられる。これに対して、新タスク（Accuracy 3）における指示は、テスト内容そのものの指示は英語で与えられているが、ライティン

グの内容と直接的に結びつく関連情報は日本語で与えられており、旧タスクに比べ言語産出に伴う負荷が大きい課題として受け止められたと考えられる。その結果として、個々のタスク・レベルにおいて、2つのAccuracyタスクの困難度が異なる結果になったと結論づけることができる。さらにこの結論は、外国語としての英語学習者にとって、「指示」の言い回し・表現は非常に強い影響を与えるものであることを改めて裏づけるものであり、今後のタスク開発において、「指示」の工夫を行うことが、タスク困難度調節の1つの変数と成り得ることを示唆するものと言える。

2. 本調査4のまとめ

「構成概念に基づく言語処理的テスト法」の考え方に基づいて、実際のタスク開発を行い、困難度が同等であると評価された新旧タスクの平行形式信頼性の実証実験を試みた。その結果、新旧のタスク・セットにおいては困難度の有意差は認められなかったが、個々のタスク・レベルにおいてはAccuracyタスクの困難度に有意な差が認められた。その理由について考察したところ、評価タスクにおける「指示」の違いがライティング・パフォーマンスに影響を及ぼした結果、タスクの困難度に違いが生じたという結論づけに至った。この結論は、外国語としての英語学習者にとって、「指示」の言い回し・表現は非常に強い影響を与えるものであることを改めて裏づけるものであり、今後のタスク開発において、「指示」の工夫を行うことが、タスク困難度調節の1つの変数と成り得ることを示唆するものと言える。

第9章

総　括

　本章では、研究全体のまとめとそこから得られる教育的示唆、ならびに今後の課題について述べる。

第1節　研究内容の要約

　本研究の目的は、ライティングにおける指導と評価の一体化をめざし、タスクに基づくライティングテスト実用化に向けて、具体的には以下の4点を明らかにすることであった。
（1）タスクに基づくライティングテストにおいて、評価対象となるライティング能力の定義とは何か。
（2）タスクに基づくライティングテストにおける評価タスクとはどのように開発すべきか。
（3）タスクに基づくライティングテストにおける評価基準・評定尺度とはどのようにして開発すべきか。
（4）タスクに基づくライティングテストとは、統計学的にどの程度の信頼性および妥当性が確保することができるか。

　これら4つの課題解決に向けて、第1章では、上記（1）〜（4）を研究目的として設定するに至った研究の背景について述べた。そこでは、日本の学

校におけるライティング指導は、従来の「形式重視」の指導から「内容重視」の指導へと変容しつつあるが、その評価法は文法や語法に関する多肢選択問題や文の結合・誤文訂正問題などの間接テストが主流であり、これといった進展が見られていない。指導方法の変化に呼応して、ライティングによる言語運用能力の評価法に関する研究開発が急務となっていることを指摘した。

　第2章では、ライティング評価に関わる先行研究の概観とテスト開発の理論的枠組みおよびライティング能力を構成する概念の検討を行った。まず、テスト開発およびライティング・パフォーマンス・テストにおける構成概念を明らかにするための枠組み検討を目的として、Canale and Swainのライティング評価法、Bachmanの言語能力評価モデル、Skehanの言語能力評価モデルについてそれぞれ検討を行った。特に、SkehanとBachmanによる議論を通じて、タスクに基づくテスト法とはタスク・パフォーマンスと構成概念の両者を考え合わせて開発を行うことが重要であることが確認された。そのような知見から、Task-Based Writing Test（TBWT）開発においては、評価タスクは構成概念に基づいて開発し、テスト・パフォーマンスについては言語処理に関わる条件操作を加味して実施する、言わば「構成概念に基づく言語処理的テスト法（construct-based processing approach to testing）」という考え方を理論的基盤とすることとなった。そして、測定対象となる「書く」領域における言語運用能力の構成概念を、規則に基づく体系への依存度が高い「正確さ（Accuracy）」と記憶に基づく体系への依存度が高い「伝わりやすさ（Communicability）」と定義した。さらに、評価タスクのデザインにおいては、言語処理要因を考慮し、「入力の特性（input）」と「期待される応答の特性（expected response）」の調節により、評価タスクの特徴づけを行うこととした。

　第3章では、TBWTにおける評価タスクのデザイン・開発・活用および構成概念に基づく言語処理的テスト法における評定尺度開発の具体的手順を3段階に分けて述べた。開発ステージ1では、TBWTの構成概念（Accuracy、Communicability）を効率的に顕在化させるように評価タスクをデザインし、特徴づけを行う方法を、ステージ2では、それらを顕在化させる上で最適であると考えられるライティング評価法をそれぞれ検討し、ステージ3では、構成概念の定義に適合すると考えられる記述子を主要なライティング評価尺度から抽出し、構成概念ごとに分類・整理統合して、具体的な評定尺度の作成を行った。そして、5名の現職高校教師に評定者を依頼して予備調査を実施し、開発を行った2種類の評価タスクと6件法の評定尺度信頼性検証を行った。

　第4章では、予備調査における分析結果に基づき、2つの評定カテゴリー結合パターンを設定して行った評定尺度の改訂作業および『評定の手引き（TBWT Scoring Guide）』改訂版作成について述べた。予備調査結果において、Accuracy、Communicabilityそれぞれの尺度の等間隔性には課題が残され、6段階から5段階の尺度に改訂する必要があることが示唆された。そこで、2つの評定カテゴリー結合パターンを設定して、6段階から5段階の尺度に改訂した。この尺度の精度をより高めるために、評価基準の加筆修正と各評定カテゴリーに対応するサンプルの抽出を行うことにより『評定の手引き（改訂版）』の作成を行った。

　第5章では、予備調査における分析結果に基づいて改訂された評定尺度および『評定の手引き（改訂版）』によるTBWT評価の信頼性および妥当性を検証することを目的として、5名の現職中学校教師を対象として調査を行った（本調査1）。5名の評定者は、これまでにTBWTの評定を行ったことがなかったにもかかわらず、全員が一貫性のある評定を行い、TBWTには一定の信頼性・妥当性があることが確認された。このような結果に至った理由は、「評定の手引き」の内容を評定者が理解し、実際の評定作業において活用した効果であることがアンケートにより確かめられた。しかし、バイアス分析の結果によると、5名ともに特定の受験者に対するバイアス評定を行っていたことがわかり、「評定の手引き」の効果は限定的であることも明

らかになった。そこで、TBWT評定者に対する意図的・計画的な「評定者トレーニング」の機会設定の必要性と固有のバイアス傾向を持つ評定者に対して効果的なトレーニング・メニューを考案するために、評定者の内面的な評価行動について分析を試みる必要があることが課題として提示された。

　第6章では、本調査1の結果から示唆された「評定者の評価行動分析」を行うための試みの1つとして、思考表出法（think aloud）によるデータ収集を行い、『評定の手引き（改訂版）』における「評価基準」の妥当性検証を行った（本調査2）。その結果、TBWTの評価基準は、評定者を妥当な評価行動に誘導したことが確認されたが、「評定者トレーニング」の機会を設定することの重要性もあわせて示唆された。

　第7章では、本調査1・2の結果からその必要性が示唆された「TBWT評定者のためのトレーニング」をプログラム化し、実際に5名の現職中学校教師を対象として行ったトレーニングの効果について検証を行った（本調査3）。本調査2で妥当性が確認された評価基準によって、ライティング・サンプルを実際に評定するというトレーニング・メニューは、TBWT評定者の評定一貫性を高める上で効果的であることが確認された。しかし、小規模な調査による結果であることは否めず、今後はより多くの現場教師にTBWTの評定を依頼してトレーニングの効果検証を継続し、また、「構成概念に基づく言語処理的テスト法」の考え方に基づいて新しい評価タスクの開発に取り組む必要があることも示唆された。

　第8章では、これまでの調査結果からその信頼性・妥当性が確認された「構成概念に基づく言語処理的テスト法」に基づくタスク開発手法により、実際に複数の新しい評価タスクを開発し、オリジナル・タスクと困難度の照合を行った結果について分析を行った。その結果、新旧のタスク・セットにおいては困難度の有意差は認められなかったが、個々のタスク・レベルにおいてはAccuracyタスクの困難度に有意な差が認められた。その理由について考察したところ、評価タスクにおける「指示」の違いがライティング・パ

フォーマンスに影響を及ぼした結果、タスクの困難度に違いが生じたという結論づけに至った。この結論は、外国語としての英語学習者にとって、「指示」の言い回し・表現は非常に強い影響を与えるものであることを改めて裏づけるものであり、今後のタスク開発において、「指示」の工夫を行うことが、タスク困難度調節の1つの変数と成り得ることが示唆された。

第2節　研究の成果と教育的示唆

　本研究の主要な成果とは、1）評定の厳しさにおける度合いは異なるが、評定者が一貫した評定を行うことのできる評定尺度および「評定の手引き」を開発することができた、2）受験者のライティングにおける運用能力を測定する上で、信頼性・妥当性のある評価タスク開発を可能にする「構成概念に基づく言語処理的テスト法」の考え方を確立することができた、3）評価対象となるライティング能力を効果的に測定することのできる5段階の単特性に基づく評定尺度を開発することができたことであると言える。
　また、これからの日本の学校におけるライティング指導に対しては、1）ライティングによる運用能力評価において、評価対象となる能力を明確に示すことができた、2）タスクに基づくライティング・テストの具体的な開発手順を確立することができた、3）特別な訓練を受けたライティング評価の専門家ではなく、実際に教室で指導にあたる中学校・高等学校の英語科教員が、タスクを測定手段として行う信頼性・妥当性の高い運用能力評価を行うことができる評価基準・テスト方法を開発することができたことにより、ライティングの評価改善の面で多少なりとも貢献ができるのではないかと考えられる。
　さらに、上記の研究成果から導かれる教育的示唆を3つの観点から述べる。まず、これからの日本の学校において、ライティングは生徒のコミュニケーション能力養成を目的として指導されるべきであるということである。

そのためには、ライティングの指導内容として、「正確さを志向する活動」と「流暢さを志向する活動」の両方を配置する必要がある。その根拠として、Bachman and Palmer（1996）による文法能力とテキスト能力によって構成される「構成能力・知識」と機能的能力と社会言語学的能力によって構成される「語用論能力・知識」と密接に関わるTBWTの構成概念である「正確さ」と「伝わりやすさ」が、本研究における複数の調査において、一定の信頼性・妥当性を担保して測定されたことを指摘することができる。この測定結果は、取りも直さず、生徒のライティング能力はこれらの言語知識・能力によって構成されていることを裏づけるものであり、コミュニケーション能力養成を目的として行われるライティング指導に際しては、「正確さ」と「流暢さ」の両面に関わる指導内容が求められるということを示唆する。そして、TBWTの評価基準に明示された「言語能力特性」に基づくならば、文章構成力や言語的正確さの指導および伝達内容の質や情報伝達の効果を高める指導を行うことがライティングにおけるコミュニケーション能力を養成する有効な手立てとなると考えられる。

　次に、これからの日本の学校においては、より積極的にライティングの運用能力評価を取り入れるべきであるということである。これまでの日本の学校におけるライティング指導は、従来の「形式重視」の指導から「内容重視」の指導へと変容しつつあるが、その評価法は文法や語法に関する多肢選択問題や文の結合・誤文訂正問題などの間接テストが主流であり、これといった進展が見られていない。その理由として、直接テストによるパフォーマンス評価は採点に時間がかかることや評定作業の負担が大きいことなどがあげられる。しかし、本研究において開発されたTBWTによれば、テスト実施時間は概ね30分程度であり、標準の授業時間内で十分に実施可能である。分割して実施すれば、10分あるいは20分で小テスト的に行うことも可能である。また、評定については単特性の5段階尺度による全体的評価方式であるため、多忙な現場教師にも十分に利用可能であると考えられる。つまり

TBWTの内容構成は、生徒に直接ライティングを行わせ、実際のパフォーマンスにより運用能力を測定しようという教師の意思により、十分に実用化が可能であり、教室へのライティング運用能力評価導入を実現するものであると言える。

　第3の教育的示唆として、英語教師教育プログラムの一環として、評定者トレーニングの導入を検討するということである。本研究においては、5名の高校教師と15名の中学校教師に研究協力者として評定を依頼した。校種や実践経験等を考慮して評定者グループを組織して評定作業を行っていただいた結果、いずれの評定セッションにおいても評定者の信頼性や一貫性が確認された。しかし、評定者間の厳しさの違いや各評定者固有のバイアス傾向が認められ、評定者トレーニングの必要性が示唆された。つまり、英語教師としての実践経験はライティングの評定に影響を与える一要素に成り得るとは言えるが、経験を積み重ねるのみでは主観的判断に左右される評定の域を出ない（Schaefer, 2008）ということである。Richard and Farrell（2005）が、「トレーニングを行うことは指導に必要不可欠な基本的概念や原理の理解および教室における実践力の向上につながる（p.3）」と述べている通り、評定者トレーニングを実施することにより、TBWTの基本原理を理解し評定方法についてより習熟することが可能になると考えられる。さらに、教師教育プログラムの一環として実施されるならば、TBWTにおける評定一貫性の向上が図られるという効果に留まらず、ライティングのパフォーマンス評価そのものに対する理解が深められ、教室におけるライティングの指導改善にも波及するものと考えられる。

第3節　研究の限界と今後の課題

　本研究の限界の1つは、評定対象としたサンプル数である。各調査におけるサンプル数は15〜24の範囲に留まり、決して十分な数とは言えない。

サンプルの提供を依頼することのできるテスト受験者を大幅に増加させる必要がある。第2は、評価タスクの数である。本調査4の段階で、各5種類のタスクを考案するまでには至ったが、困難度の同等性を検証しつつ、タスクの内容と難易度に幅を持たせながらタスク開発を行う必要がある。第3に、評定者の確保である。多忙な現場教師に不慣れな評定作業を依頼する必要がある、本研究においては、夏季休業および冬季休業等に調査時期を合わせて、5～10名の評定者確保を行ってきた。評定サンプル数の増加に合わせて、評定者数も増員していく必要があり、一定数の評定者確保に留意する必要がある。

　最後に、本研究の結びとして今後の課題を3つ述べる。第1に、TBWTは特別な訓練を受けたライティング評価の専門家ではなく、実際に教室で指導にあたる中学校・高等学校の英語科教員が、タスクを測定手段として行うライティングのパフォーマンス評価である。しかし、本研究における受験者は大学生英語学習者に限定されている。研究協力校に依頼して、多くの中学生や高校生が受験することのできる環境を整える必要がある。

　第2に、本調査2において、思考表出法によるデータ収集を行い、評定者の評価行動分析を行った。その結果として、妥当性のある評価基準によって評価行動を促すことにより、評定者の主観的な価値判断によるところが大きいと考えられてきたパフォーマンス評価に客観性を与えることができるという可能性が示唆された。この可能性をより確かなものとするために、TBWT評価基準の妥当性に関してより精細な調査を行うとともに、その評価基準に対する理解と習熟をより効率的に促す評定者トレーニングのあり方についても検討を行う必要がある。

　第3に、教室という枠組みを超えた、TBWTの大規模実施に向けて実施体制や実施方法の検討を行っていくことが求められる。その具体的方策として、これまで5年間をかけて開発を行ってきたTBWTに特化した「コンピューターによる自動評価採点システム」を応用開発し、評定者要因による

影響を除外したより客観的で実用的なライティング・パフォーマンス評価の実現を目ざしたいと考えている。この自動評価採点システムの開発・実用化により、中学校・高等学校等のライティング授業におけるタスクを測定手段とするパフォーマンス評価の普及や教室におけるライティング指導改善などの波及効果が期待される。さらに、日本における高校入試・大学入試等のライティングテスト問題の改善に対しても多くの示唆が与えられるものと考えられる。

参考文献

Alderson, J.C. (1991). Bands and scores. In J. C. Alderson & B. North (Eds.), *Language Testing in the 1990s*. (pp. 71-86). London: Macmillan.

Alderson, J.C., Clapham, C. and Wall, D. (1995). *Language test construction and evaluation*. Cambridge: Cambridge University Press.［渡部良典（編訳）(2010)『言語テストの作成と評価』春風社］

Bachman, L.F. (1990). *Fundamental considerations in language testing*. Oxford: Oxford University Press.［池田央・大友賢二（監訳）(1997)『言語テスト法の基礎』CSL学習評価研究所］

Bachman, L.F. (2002). Some reflections on task-based language performance assessment. *Language Testing 19*, 453-76.

Bachman, L.F. (2004). *Statistical analyses for language assessment*. Cambridge: Cambridge University Press.

Bachman, L.F., & Palmer, A.S. (1996). *Language testing in practice: designing and developing useful language tests*. Oxford: Oxford University Press.［大友賢二・ランドルフ・スラッシャー（訳）(2000)『実践言語テスト法』大修館書店］

Bachman, L.F., & Palmer, A.S. (2010). *Language assessment in practice: developing language assessments and justifying their use in the real world*. Oxford: Oxford University Press.

Bates, L., Lane, J., & Lange, E. (1993). *Writing clearly: Responding to ESL compositions*. Boston: Heinle & Heinle.

Beebe, L. (Ed.). (1987). *Issues in second language acquisition: Multiple perspectives*. Boston, MA: Heinle & Heinle.［島岡丘（監訳）(1998)『第二言語習得の研究―5つの視点から』大修館書店］

Berliner, D.C. (1987). In pursuit of the expert pedagogue. *Educational Researcher*, *15*, 5-13.

Breland, H., Kubota, M., Nickerson, K., Trapani, C., & Walker, M. (2004). New SAT Writing prompt study: Analysis of group impact and reliability (College Board Research Report No. 2004-1). College Entrance Examination Board, New York.

Brown, H.D. (1994). *Principles of language learning and teaching*. NJ: Prentice Hall Regents.

Brown, H.D. (2004). *Language assessment: principles and classroom practices*. NY: Pearson Education.

Brown, J.D. (1996). *Testing in language programs*. Upper Saddle River, NJ: Prentice Hall Regents.［和田稔（訳）（1999）『言語テストの基礎知識』大修館書店］

Burstein, J., Chodorow, M., & Leacock, C. (2003). Criterion℠ online essay evaluation: An application for automated evaluation of student essays. In J. Reid & R. Hill (Eds.), *Proceedings of the fifteenth annual conference on innovative applications of artificial intelligence* (pp. 3-10). Menlo Park, CA: AAAI Press.

Bygate, M, Skehan, P. & Swain, M. (Eds.). (2001). *Researching pedagogic tasks: Second language learning, teaching and testing*. London: Longman.

Canale, M. (1981). Communication: How to evaluate it? *Bulletin of the Canadian Association of Applied Linguistics 3* (2), 77-94.

Canale, M. (1983). From communicative competence to communicative language pedagogy. In J.C. Richards & R. Schmidt (Eds.), *Language and Communication* (pp. 2-27). London: Longman.

Canale, M., & Swain, M. (1980). Theoretical bases of communicative approaches to second language teaching and testing. *Applied Linguistics 1* , 1-47.

Carroll, B. (1980). *Testing communicative performance*, Oxford: Pergamon.

Chapelle, C., & Brindley, G. (2002). Assessment. In N. Schmidt (Ed.), *An introduction to applied linguistics* (pp. 267-88). London: Arnold.

Cohen, A. D. (2011). *Strategies in learning and using a second language*. London: Longman.

Connor, U. and Carrell, P. (1993). The interpretation of tasks by writers and readers in holistically rated direct assessment of writing. In J.G. Carson & I. Leki (Eds.), *Reading in the composition classroom* (pp. 141-160). Boston, MA: Heinle and Heinle.

Council of Europe (2001). Common European Framework of Reference for Languaes: 4 Language use and the language user/learner. Available from http://www.coe.int/t/dg4/linguistic/Source/Framework_EN.pdf.

Corder, S. P. (1967). The significance of learners' errors. *IRAL, 5*(4), 161-170.

Cronbach, L. J., & Meehl, P. E. (1955). Construct validity in psychological tests. *Psychological Bulletin* 52, 281-302.

Cumming, A. (1989). Writing expertise and second language proficiency. *Language Learning 39*, 81-141.

Cumming, A. (1990). Expertise in evaluating second language composition. *Language Testing 7*, 31-51.

Cumming, A., & Mellow, D. (1996). An investigation into the validity of written indicators of second language proficiency. In A. Cumming & R. Berwick (Eds.), *Validation in language testing* (pp. 72-93). Clevedon, England: Multilingual Matters.

Cumming, A., Kantor, R., & Powers, D. E. (2002). Decision making while rating ESL/EFL writing tasks: A descriptive framework. *Modern Language Journal* 86, 67-69.

Davies, A. (1990). *A Principles of language testing*. Basil Blackwell.

Davies, A., Brown, A., Elder, C., Hill, K., Lumley, T., & McNamara, T. (1999). *Dictionary of language testing*, Studies in Language Testing 7, Cambridge: Cambridge University Press/UCLES.

Douglas, D. (2000). *Assessing languages for specific purposes*. Cambridge: Cambridge University Press.

Eckes, T. (2008). Rater types in writing performance assessments: A classification approach to rater variability. *Language Testing 25*, 155-85.

Educational Testing Service. (1996). *TOEFL Test of written English guide* (4th ed.). NJ: Author.

Elder, C., Iwashita, N., & McNamara, T. (2002). Estimating the difficulty of oral proficiency tasks: what does the test-taker have to offer? *Language Testing 19*, 347-68.

Ellis, R. (1997a). *SLA research and language teaching*. Oxford: Oxford University Press.

Ellis, R. (1997b). *Second language acquisition*. Oxford: Oxford University Press.

Ellis, R. (2003). *Task-based language learning and teaching*. Oxford: Oxford University Press.

Ellis, R., & Barkhuizen, G. (2005). *Analysing learner language*. Oxford: Oxford University Press.

Ferris, D. R. (2002). *Treatment of error in second language student writing*. Ann Arbor, MI: The University of Michigan Press.

Ferris, D. R. (2003). *Response to student writing: Implications for second language students*. Mahwah, NJ: Lawrence Erlbaum Associates.

Ferris, D. R., & Hedgcock, J. S. (1998). *Teaching ESL composition: Purpose, process, & practice*. Mahwah, NJ: Lawrence Erlbaum Associates.

Fulcher, G. (1997). *Writing in the English language classroom*. Hemel Hempstead: Prentice Hall.

Fulcher, G. (2010). *Practical language testing*. London: Hodder Education.

Fulcher, G., & Davidson, F. (Eds.). (2007). *Language testing and assessment*. London: Routledge.

Gass, S. & Mackey, A. (2007). *Data elicitation for second and foreign language research.* Mahwah, NJ: Lawrence Erlbaum Associates.

Grabe, W. & Kaplan, R. (1996). *Theory & practice of writing.* London: Longman.

Grice, H. P. (1975). Logic and conversation. In P. Cole & J.L. Morgan (Eds.), *Syntax and semantics* (pp. 43-52). New York: Academic Press.

Hamp-Lyons, L. (1991). *Assessing second language writing in academic contexts.* Norwood, NJ: Ablex.

Hamp-Lyons, L. (2003). Writing teachers as assessors of writing. In B. Kroll (Ed.) *Exploring the dynamics of second language writing* (pp. 162-189). Cambridge: Cambridge University Press.

Hendrickson, J. M. (1978). Error correction in foreign language teaching: Recent theory, research, and practice. *Modern Language Journal 62*, 387-398.

Horowitz, D. (1986). What professors actually require: Academic tasks for the ESL classroom. *TESOL Quarterly 20*, 445-462.

Hughes, A. (1989). *Testing for language teachers.* Cambridge: Cambridge University Press. ［静哲人（訳）（2003）『英語のテストはこう作る』研究社］

Huot, B. (1996). Toward a new theory of writing assessment. *College Composition and Communication 47* (4), 549-566.

Hyland, K. (2003). *Second language writing.* Cambridge: Cambridge University Press.

Hyland, K., & Hyland, F (2006). *Feedback in Second language writing.* Cambridge: Cambridge University Press.

Iseno, K. (1991). Free writing instruction. *Annual Review of English Language Education in Japan (ARELE) 2*, 73-82.

Jacobs, H.L., Zinkgraf, D.R., Wormuth, V.F., Hartfiel, V.F., and Hughey, J.B. (1981). *Testing ESL Composition: A practical approach.* Rowley, MA: Newbury House.

Kondo-Brown, K. (2002). A FACETS analysis of rater bias in measuring Japanese second language writing performance. *Language Testing 19*, 3-31.

Kroll, B. (1990). The rhetoric/syntax split: Designing a curriculum for ESL students. *Journal of Basic Writing 9*, 40-55.

Kroll, B. (Ed.). (1996). *Second language writing: Research insights for the classroom.* Cambridge: Cambridge University Press.

Kroll, B. (Ed.). (2003). *Exploring the dynamics of second language writing.* Cambridge: Cambridge University Press.

Linacre, J. M. (1989). Many-faceted Rasch measurement. Chicago, IL: MESA Press.

Linacre, J. (2002). Guidelines for rating scales. Mesa Research Note 2 (Online). Available at http://www.rasch.org/rn2.htm (accessed 18 March 2008).

Linacre, J. (2007). *A User's guide to FACETS: Rasch-model computer program*. Chicago, IL: MESA Press.

Linacre, J. (2008). *Facets* (Version 3.63) [Computer software]. Chicago, IL: MESA Press.

Linacre, J. (2009). *Facets* (Version 3.65) [Computer software]. Chicago, IL: MESA Press.

Littlewood, W. (1992). *Communicative language teaching*. Cambridge: Cambridge University Press.

Lloyd-Jones, R. (1977). Primary trait scoring. In C. R. Cooper & L. Odell (Eds.), *Evaluating writing* (pp. 33-69). NY: National Council of Teachers of English.

Lumley, T. (2002). Assessment criteria in a large-scale writing test: what do they really mean to the raters? *Language Testing 19*, 246-76.

Lumley, T. & McNamara, T. F. (1995). Rater characteristics and rater bias: implications for training. *Language Testing 12*, 54-71.

Lumley, T. & O'Sullivan, B. (2005). The effect of test-taker gender, audience and topic on task performance in tape-mediated assessment of speaking. *Language Testing 22*, 415-437.

Lunz, M., Wright, B. & Linacre, J. (1990). Measuring the impact of judge severity on examination scores. *Applied Measurement in Education* 3, 331-345.

Matsuda, P. K. (2003). Second language writing in the twentieth century: A situated historical perspective. In B. Kroll (Ed.), *Exploring the dynamics of second language writing* (pp. 15-34). Cambridge: Cambridge University Press.

McNamara, T.F. (1996). *Measuring second language performance*. London: Longman.

McNamara, T.F. (2000). *Language testing*. Oxford: Oxford University Press.

Messick, S. (1988). The once and future issues of validity: assessing the meaning and consequences of measurement. In Wainer, H. and Braunt. H (Eds.), *Test validity* (pp. 33-45). Hillsdale, NJ: Lawrence Erlbaum.

Nation, I. S. P. (2009). *Teaching ESL/EFL reading and writing*. New York, NY: Routledge.

Nunan, D. (1990). *Designing tasks for the communicative classroom*. Cambridge: Cambridge University Press.

Nunan, D. (2004). *Task-based language teaching*. Cambridge: Cambridge University Press.

Perkins, K. (1983). On the use of composition scoring techniques, objective measures, and objective tests to evaluate ESL writing ability, *TESOL Quarterly 17* (4), 651-671.

Pollitt, A. (1990). Response to Charles Alderson's paper: 'Bands and scores.' Alderson, J. C. (1991). In J. C. Alderson and B. North (Eds.), *Language Testing in the 1990s*. (pp. 87-91). London: Macmillan.

Powers, D.E. (2005). Effects of preexamination disclosure of essay prompts for the GRE analytical writing assessment (GRE Board Research Report No. 01-07R). ETS PR-05-01.

Reid, J.M. (1996a). *Basic writing*. NJ: Prentice Hall Regents.

Reid, J.M. (1996b). *The process of paragraph writing*. NJ: Prentice Hall Regents.

Reid, J. M. (2001). Chapter 4 writing. In R. Carter & D. Nunan (Eds.), *The Cambridge guide to teaching English to speakers of other languages*. (pp. 28-33). Cambridge: Cambridge University Press.

Reid, J. M., & Kroll, B. (1995). Designing and assessing effective classroom writing assignments for NES and ESL students. *Journal of Second Language Writing 4* (1), 17-41.

Richards, J. C., & Farrell, T. S. C. (2005). *Professional development for language teachers: Strategies for teacher learning*. Cambridge: Cambridge University Press.

Richards, J. C., & Renandya, W. A. (Eds.). (2008). *Methodology in in language teaching*. Cambridge: Cambridge University Press.

Richards, J. C., & Rodgers, T. (2001). *Approaches and methods in language teaching*. Cambridge: Cambridge University Press.

Ruth, L., & Murphy, S. (1988). *Designing writing tasks for the assessment of writing*. Norwood, NJ: Ablex Publishing Corp.

Schaefer, E. (2008). Rater bias pattern in an EFL writing assessment. *Language Testing 25*, 465-493.

Schmitt, N. (Ed.). (2002). *An introduction to applied linguistics*. London: Arnold.

Shaw, S. D. & Weir, C. (2007). *Examining Writing*. Studies in Language Testing 26. Cambridge: Cambridge University Press.

Shohamy, E. (1995). Performance assessment in language testing. *Annual Review of Applied Linguistics 15*, 188-211.

Shohamy, E., Gordon, C., & Kraemer, R. (1992). The effect of raters' background and training on the reliability of direct writing tests. *Modern Language Journal 76*, 27-33.

Skehan, P. (1996). A framework for the implementation of task-based instruction. *Applied*

Linguistics 17/1, 38-62.

Skehan, P. (1998). *A cognitive approach to language learning*. Oxford University Press.

Skehan, P. & Foster, P. (1997). The influence of planning and post-task activities on accuracy and complexity in task-based learning. *Language Teaching Research 1*/3, 27-33.

Snellings, P., Gelderen, A., & Glopper, K. (2004). Validating a test of second language written lexical retrieval: a new measure of fluency in written language production. *Language Testing* 21, 174-201.

Sugita, Y. (2008). *Task-based performance assessment of Japanese second language writing*, Paper presented at 42nd International Annual IATEFL Conference, Exeter, the UK, April.

Sugita, Y. (2009a). The development and implementation of task-based writing performance assessment for Japanese learners of English. *Journal of Pan-Pacific Association of Applied Linguistics 13* (2), 77−103.

Sugita, Y. (2009b). Developing and improving rating scales for a task-based writing performance test. *JLTA Journal 12*, 85−103.

Sugita, Y. (2009c). *The development of a construct-based processing approach to testing: Task-based writing assessment for Japanese learners of English*. Unpublished dissertation presented to the Graduate School of Waseda University.

Sugita, Y. (2010). Reliability and validity of a task-based writing performance assessment for Japanese learners of English. *JLTA Journal 13*, 21−40.

Sugita, Y. (2012). Effects of rater training on raters' severity, consistency, and biased interactions in a task-based writing assessment. *JLTA Journal 15*, 61−80.

Swain, M. (1984). Large-scale communicative language testing. In S. J. Savignon & M. S. Berns (Eds.), *Initiatives in Communicative Language Teaching* (pp. 185-215). Reading, MA: Addison-Wesley Publishing Company.

Swain, M. (1990). The language of French immersion students: Implications for theory and practice. In J. E. Alatis (Ed.), *Georgetown University round table on languages and linguistics, 1990: Linguistics, language* (pp. 401-412). Washington, DC: Georgetown University Press.

Tyndall, B., & Kenyon, D. M. (1995). Validation of a new holistic rating scale using Rasch multifaceted analysis. In A. Cumming & Berwick (Eds.), *Validation in language testing* (pp. 39-57), Clevedon, England: Multilingual Matters.

Upshur, J. A., & Turner, C. E. (1995). Constructing rating scales for second language tests,

ELT Journal 49 (1), 3-12.
Weigle, S. (1994). Effects of training on raters of ESL compositions. *Language Testing* 11, 197-223.
Weigle, S. (1998). Using FACETS to model rater training effects. *Language Testing* 15, 263-87.
Weigle, S. (2002). *Assessing writing*. Cambridge: Cambridge University Press.
Weir, C. J. (1990). *Communicative language testing*. Hemel Hempstead: Prentice Hall.
Weir, C. J. (1993). *Understanding and developing language tests*. Hemel Hempstead: Prentice Hall.
Weir, C. J. (2005). *Language testing and validation: An evidence-based approach*. Basingstoke: Palgrave Macmillan.
Weir, C. J. & Wu, J. R. W. (2006). Establishing test form and individual task comparability: a case study of a semi-direct speaking test. *Language Testing 23*, 167-197.
White, E. M. (1994). *Teaching and assessing writing: Recent advances in understanding, evaluating and improving student performance*. (2nd ed.). San Francisco: Jossey-Bass.
Wigglesworth, G. (1993). Exploring bias analysis as a tool for improving rater consistency in assessing oral interaction. *Language Testing 10*, 305-335.
Willis, D. & Willis, J. (Eds.). (1996). *Challenge and change in language teaching*. Oxford: Macmillan Education.
Willis, D. & Willis, J. (2007). *Doing task-based teaching*. Oxford: Oxford University Press.
Wolfe, E. W., Kao, C. W. & Ranney, M. (1998). Cognitive differences in proficient and non-proficient essay scorers. *Written Communication 15*, 465-492.
Zamel, V. (1976). Teaching composition in the ESL classroom: What we can learn from research in the teaching of English, *TESOL Quarterly 10* (1), 67-76.
Zamel, V. (1983). The composing process of advanced ESL students: Six case studies, *TESOL Quarterly 17* (2), 165-187.
東照二（2001）『社会言語学入門 ― 生きた言葉のおもしろさにせまる』研究社
池田央（1997）『テストの科学 ― 試験にかかわるすべての人に』日本文化科学社
今井むつみ・野島久雄（編）（2005）『人が学ぶということ ― 認知学習論からの視点』北樹出版
伊東治己（編）（2008）『アウトプット重視の英語授業』教育出版
岡秀夫・赤池秀代・酒井志延（2004）『「英語授業力」強化マニュアル』大修館書店

大井恭子（2004）「ライティング」小池生夫（編）『第二言語習得研究の現在』(pp.201-218) 大修館書店
大下邦幸（編）(2009)『意見・考え重視の英語授業──コミュニケーション能力養成へのアプローチ』高陵社書店
大津由紀雄（2004）『英文法の疑問──恥ずかしくてずっと聞けなかったこと』日本放送出版協会
大津由紀雄（2007）『英語学習7つの誤解』日本放送出版協会
大友賢二（監修）／中村洋一（2002）『テストで言語能力は測れるか──言語テストデータ分析入門』桐原書店
門田修平（編）(2006)『英語エッセイ・ライティング』コスモピア
金谷憲（2002）『英語授業改善のための処方箋』大修館書店
金谷憲（2009）『英語教育熱』研究社
栗原優（1994）「英作文をどのように評価するか」『現代英語教育』Vol.8, 23-25.
語学教育研究所（1999）『英語指導技術再検討』大修館書店
小林昭江（1996）『英語授業のアイデア集英語教師の四十八手 第6巻ライティングの指導』研究社
小室俊明（編）『英語ライティング論』河源社
崎村耕二（1997）『英語論文によく使う表現』創元社
静哲人（2007）『基礎から深く理解するラッシュモデリング』関西大学出版部
白井恭弘（2004）『外国語学習に成功する人しない人──第二言語習得論への招待』岩波書店
白井恭弘（2012）『英語教師のための第二言語習得論』大修館書店
白畑知彦・冨田祐一・村野井仁・若林茂則（1999）『英語教育用語辞典』大修館書店
白畑知彦・若林茂則・須田孝司（2004）『英語習得の「常識」「非常識」──第二言語習得研究からの検証』大修館書店
杉田由仁（2000）「英作文指導における誤りの訂正法に関する研究」『日本言語テスト学会紀要（*JLTA Journal*）』No. 3, 127-135.
杉田由仁（2006）「ライティング・プロセスの計画段階におけるクイックライティング指導の効果」,『中部地区英語教育学会紀要』第35号, 99-106.
杉田由仁・キャラカー R.（2008）『パラグラフ・ライティング基礎演習（Primary Course on Paragraph Writing）』成美堂
杉田由仁（2009）「英作文自動添削システムの有効性に関する実践研究」『中部地区英語教

育学会紀要』第 38 号, 327-334.
杉田由仁（2010）「コミュニケーションを志向した教材がライティングにおける不安感に及ぼす効果」『中部地区英語教育学会紀要』第 39 号, 189-196.
杉田由仁（2012）「ライティング評価における評定者の行動分析と評価基準の妥当性検証」『JACET 関東支部学会誌（*JACET-KANTO Journal*）』No.8, 16-26.
鈴木孝夫（1973）『ことばと文化』岩波書店
鈴木孝夫（1999）『日本人はなぜ英語ができないのか』岩波書店
高島英幸（編）（2000）『コミュニケーションにつながる文法指導』大修館書店
高島英幸（2005）『文法項目別英語のタスク活動とタスク— 34 の実践と評価』大修館書店
高島英幸（編）（2011）『英文法導入のためのフォーカス・オン・フォーム・アプローチ』大修館書店
高梨庸雄（2005）『英語の「授業力」を高めるために』三省堂
田中正道（監修）／野呂忠司・達川奎三・西本有逸（編）『これからの英語学力評価のあり方』教育出版
中野美知子（編）（2005a）『英語は早稲田で学べ』東洋経済新報社
中野美知子（編）（2005b）『英語教育グローバルデザイン』学文社
根岸雅史（1996）『英語授業のアイデア集英語教師の四十八手　第 2 巻テストの作り方』研究社
ピーターセン・マーク（2002）『日本人の英語』岩波書店
ピーターセン・マーク（2003a）『続日本人の英語』岩波書店
ピーターセン・マーク（2003b）『英語の壁』文芸春秋
本名信行（2003）『世界の英語を歩く』集英社
緑川日出子（1998）「ライティング」小池生夫（監修）／ SLA 研究会（編）『第二言語習得研究に基づく最新の英語教育』（pp.287-299）大修館書店
宮田学（2002）『ここまで通じる日本人英語 — 新しいライティングのすすめ』大修館書店
村野井仁（2004）「教室第二言語習得研究と外国語教育」小池生夫（編）『第二言語習得研究の現在』（pp.103-122）大修館書店
村野井仁（2006）『第二言語習得研究から見た効果的な英語学習法・指導法』大修館書店

付　録

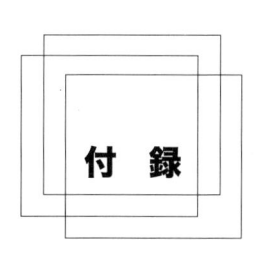

『評定の手引き（初版）』
『評定の手引き（改訂版）』
評定の手引きに関するアンケート（本調査1）
評定者トレーニング・評定作業に関するアンケート（本調査3）
評定の手引き・評定作業に関するアンケート（本調査3）
評価タスク
ライティング・タスクに関するアンケート（本調査4）

Task-Based Writing Test (TBWT) Scoring Guide
評定の手引き（初版）

I. はじめに

　第二言語知識体系は規則に基づく体系（rule-based system）と記憶に基づく体系（memory-based system）という二層性の体系（dual-mode system）から成り、学習者に課すタスクの特徴（テスト前の考える時間、制限時間、タスクの内容など）を変数として操作することにより、言語処理段階における両体系の関係がトレードオフの関係へと移行し、それによりパフォーマンスが強く影響を受けること（Skehan 2001）が明らかにされています。本テストは、この二層性の体系間におけるトレードオフの関係をテスト法の基本原理として開発された「書く」領域における「タスクに基づくテスト（task-based test）」です。ライティング・テストの測定対象となる言語運用能力の構成概念（constructs）として、1）規則に基づく体系への依存度が高いと考えられるaccuracy（grammar, organization, vocabulary, rhetoricなど、言語の形式的側面における運用能力の正確さ）と、2）記憶に基づく体系への依存度が高いと考えられるcommunicability（意味・内容の伝達を重視し、言語による効率的な情報伝達を行うことのできる能力）という2つを想定し、これらの言語運用能力を顕在化させるために2種類の評価タスクを考案しました。

Ⅱ．評価タスク

1．ライティング・タスク 1
(1) タスクの説明（rubric）

　この課題では、指定された内容を伝える英語の手紙をどのくらい正しい英文で書くことができるかをテストします。最初に 1 ～ 5 のそれぞれの質問に対する自分の答を考えます。次に、その内容をもとに英語の手紙の形式に合わせて、正しい英文で自己紹介の手紙を書きなさい。解答のための時間は 20 分間で、語数は 70 ～ 80 語としなさい。なお、採点は次の 3 つの観点から行います。

　①1 ～ 5 の内容をすべて含み、自己紹介を目的とした手紙文としての適切さ
　②言語的側面（文法・語彙・スペル等）の正確さ
　③文章の形式的側面（構成・展開法）の適切さ

(2) タスクの指示

Think of answers to the following questions. Then write a 70-80 word letter introducing yourself to your host family.

1. How old are you? What do you do? What about your family?
2. What are your hobbies and interests?
3. Have you been abroad before?
4. Do you like pets? Regarding food, do you have any special likes or dislikes?
5. What do you want to do while you are in England?

158

2. ライティング・タスク2

(1) タスクの説明 (rubric)

　この課題では、限られた時間の中で英文によるメモを書き、英語でどのくらい情報を伝えることができるかをテストします。最初に与えられた"Discussion Topic"に対する自分の答をできるだけ多く考えます。次に、その内容を（例）にならい簡潔に、わかりやすい英語で書き表すようにします。解答のための時間は10分間で、語数に制限はありません。1つでも多くの考えを英語で書き表すようにしてください。なお、採点は次の3つの観点から行います。

　①課題の意図をよく理解して書かれた内容になっているか
　②自分の考えや意図がわかりやすく伝えられているか
　③内容を効率的に伝えるために適切な語彙や表現を使用しているか

(2) タスクの指示

　You are going to have a discussion on the following topic, "Why do you study English?" In order to prepare for the discussion, think of answers to the question　as many as possible. Then make notes about it the following table.

> Discussion Topic: Why do you study English?
>
> ー（例）To travel abroad
>
> ー To
>
> ー To

Ⅲ．実施方法

1. ライティング・テストの実施方法
    1)「ライティング・タスク1」を配布し、「(1) タスクの説明（rubric）」の部分を読みテストの方法について確認をします。
    2)「(2) タスクの指示」をよく読み、20分間で解答を書くように指示します。
    3) 20分が経過した時点で解答を止めるように指示し、答案用紙を回収します。
    4)「ライティング・タスク2」を配布し、「(1) タスクの説明（rubric）」の部分を読みテストの方法について確認をします。
    5)「(2) タスクの指示」をよく読み、10分間で解答を書くように指示します。
    6) 10分が経過した時点で解答を止めるように指示し、答案用紙を回収します。

2. 評定作業の手順
    1)「タスク1の評価基準」を読み、ライティング・タスク1の評定を5段階で行ってください。

2)「タスク2の評価基準」を読み、ライティング・タスク2の評定を5段階で行ってください。

Ⅳ. 評価対象となる言語能力特性と評価基準

1. タスク1の評価基準

> 評価対象となる言語能力特性：Accuracy（grammar, organization, vocabulary, rhetoric など、言語の形式的側面における運用能力の正確さ）

A(6)	・文章の構成および展開がうまくできている ・論理展開の方法が適切で説得力がある ・部分的に誤りはあるが、語彙使用が適切である ・主語と動詞の一致、時制、単数・複数、語順および語法、冠詞、代名詞、前置詞の使用にほとんど誤りがない ・スペル、句読法、大文字使用、段落分けの仕方にほとんど誤りがない
B＋(5)	AとBの中間的なレベルである
B(4)	・文章の構成および展開ができている ・論理展開の方法が概ね適切で全体的に理解できる ・語彙使用が不適切で部分的に意味がわかりにくくなっているところがある ・主語と動詞の一致、時制、単数・複数、語順および語法、冠詞、代名詞、前置詞の使用にやや誤りがある ・スペル、句読法、大文字使用、段落分けの仕方にやや誤りがある
B－(3)	BとCの中間的なレベルである

C(2)	・文章の構成および展開が不十分である
	・論理展開の方法が不適切で理解しにくい
	・語彙使用が明らかに不適切で、意味を取り違えたり、意味がわかりにくいところがある
	・主語と動詞の一致、時制、単数・複数、語順および語法、冠詞、代名詞、前置詞の使用に誤りが多い
	・スペル、句読法、大文字使用、段落分けの仕方に誤りが多い
D(1)	Cのレベルに達していない

2. タスク2の評価基準

> 評価対象となる言語能力特性：Communicability（意味・内容の伝達を重視し、言語による効率的な情報伝達を行うことのできる能力）

A(6)	・与えられた課題に対してそつ無く回答している
	・読み手に対して非常に明瞭に内容が伝わる
	・言語使用能力が確かなものであることがわかる
	・自分の考えを表現したり、意図を伝えることのできるすぐれた語彙力がある
B+(5)	AとBの中間的なレベルである
B(4)	・与えられた課題に対して部分的に回答している
	・読み手に対して十分に内容が伝わる
	・十分な言語使用能力があるが、不確かに思われるところもある
	・自分の考えや意味を十分に伝えることのできる語彙力がある
B−(3)	BとCの中間的なレベルである

C(2)	・与えられた課題のごく一部について回答している ・読み手に対して十分に内容が伝わらない ・言語使用能力が不足している ・語彙力の不足があり、自分の考えや意味を十分に伝えることができない
D(1)	Cのレベルに達していない

Task-Based Writing Test (TBWT) Scoring Guide
(2nd Edition)
評定の手引き（改訂版）

Ⅰ．はじめに

　第二言語知識体系は規則に基づく体系（rule-based system）と記憶に基づく体系（memory-based system）という二層性の体系（dual-mode system）から成り、学習者に課すタスクの特徴（テスト前の考える時間、制限時間、タスクの内容など）を変数として操作することにより、言語処理段階における両体系の関係がトレードオフの関係へと移行し、それによりパフォーマンスが強く影響を受けること（Skehan 2001）が明らかにされています。本テストは、この二層性の体系間におけるトレードオフの関係をテスト法の基本原理として開発された「書く」領域における「タスクに基づくテスト（task-based test）」です。ライティング・テストの測定対象となる言語運用能力の構成概念（constructs）として、1）規則に基づく体系への依存度が高いと考えられるaccuracy（grammar, organization, vocabulary, rhetoricなど、言語の形式的側面における運用能力の正確さ）と、2）記憶に基づく体系への依存度が高いと考えられるcommunicability（意味・内容の伝達を重視し、言語による効率的な情報伝達を行うことのできる能力）という2つを想定し、これらの言語運用能力を顕在化させるために2種類の評価タスクを考案しました。

Ⅱ. 評価タスク

1. ライティング・タスク1

(1) タスクの説明（rubric）

　この課題では、指定された内容を伝える英語の手紙をどのくらい正しい英文で書くことができるかをテストします。最初に、与えられたトピックについて自分自身のことをよく考えなさい。次に、英語の手紙の形式に合わせて、できるだけ正しい英文でトピックの内容を含む自己紹介の手紙を書きなさい。解答のための時間は20分間で、語数は100〜120語程度としなさい。なお、採点は次の3つの観点から行います。

　①与えられたトピックの内容を含む、自己紹介を目的とした手紙文としての適切さ
　②言語的側面（文法・語彙・スペル等）の正確さ
　③文章の形式的側面（構成・展開法）の適切さ

(2) タスクの指示

　You are going to stay with Parker Family in Britain this summer. Write a 100-120 word letter introducing yourself to your host family. Before writing, think of the following topics.

- Your name and age
- Your job, profession, or major in school
- Your family and pets
- Your interests and hobbies
- Your favorite places, foods, activities
- Your experience in traveling abroad
- Some things you want to do while you are in England

2. ライティング・タスク 2

(1) タスクの説明 (rubric)

　この課題では、限られた時間の中で英文によるメモを書き、英語でどのくらい情報を伝えることができるかをテストします。最初に与えられた"Discussion Topic"に対する自分の答をできるだけ多く考えます。次に、その内容を（例）にならい簡潔に、わかりやすい英語で書き表すようにします。解答のための時間は10分間で、語数に制限はありません。1つでも多くの考えを英語で書き表すようにしてください。なお、採点は次の3つの観点から行います。

　①課題の意図をよく理解して書かれた内容になっているか
　②自分の考えや意図がわかりやすく伝えられているか
　③内容を効率的に伝えるために適切な語彙や表現を使用しているか

(2) タスクの指示

　You are going to have a discussion on the following topic, "Why do you study English?" In order to prepare for the discussion, think of answers to the question as many as possible. Then make notes about it the following table.

```
Discussion Topic: Why do you study English?
─ (例) To travel abroad _____
─ To _____
─ To _____
```

Ⅲ．実施方法

1. ライティング・テストの実施方法
    1) 「ライティング・タスク1」を配布し、「(1) タスクの説明（rubric）」の部分を読みテストの方法について確認をします。
    2) 「(2) タスクの指示」をよく読み、20分間で解答を書くように指示します。
    3) 20分が経過した時点で解答を止めるように指示し、答案用紙を回収します。
    4) 「ライティング・タスク2」を配布し、「(1) タスクの説明（rubric）」の部分を読みテストの方法について確認をします。
    5) 「(2) タスクの指示」をよく読み、10分間で解答を書くように指示します。
    6) 10分が経過した時点で解答を止めるように指示し、答案用紙を回収します。

2. 評定作業の手順
    1) 「タスク1の評価基準」を読み、ライティング・タスク1の評定を5段階で行ってください。

2)「タスク2の評価基準」を読み、ライティング・タスク2の評定を5段階で行ってください。

Ⅳ. 評価基準とサンプル

1. タスク1の評価基準

評価対象となる言語能力特性：Accuracy（grammar, organization, vocabulary, rhetoric など、言語の形式的側面における運用能力の正確さ）	
文章構成力（Organizational skills）：読み手に内容を正確に把握させるために論理的に文章を組み立てる力	言語的正確さ（Linguistic accuracy）：語彙や文法、スペル、句読法などにおける誤り
・文章の構成および展開がうまくできている ・論理展開の方法が適切で説得力がある ・さまざまな連結詞の使用により、文章構成が明確である	・部分的に誤りはあるが、語彙使用が適切である ・主語と動詞の一致、時制、単数・複数、語順および語法、冠詞、代名詞、前置詞の使用にほとんど誤りがない ・スペル、句読法、大文字使用、段落分けの仕方にほとんど誤りがない

この答案には、上記の評価基準が

A(5)	きわめてあてはまる
B＋(4)	かなりあてはまる
B(3)	わりとあてはまる
B－(2)	少しあてはまる
C(1)	あてはまらない

「A(5) きわめてあてはまる」例

タスク1

Dear Parker Family,

　Hello! My name is *** ***. Nice to meet you. I'm 19 years old and a university student. There are 6 members in my family. But now I live alone in *** to study English education of junior high school at *** university.

　My hobbies are watching movies, listening to music, and playing the clarinet. And I'm interested in world history.

　I've been to America and Australia. Both of them were homestay. They were great!

　I like pets very much!! I can eat whatever you serve. I'd like to talk much with you while I'm in England to improve my English skills and to know your culture.

　I'm looking forward to meeting you sooner.

　　　　　　　　　　　　　　　　Yours, *****　[125 words]

[解説]
・文章の構成および展開がうまくできている
・論理展開の方法が適切で説得力がある
・部分的に誤りはあるが、語彙使用が適切である
・主語と動詞の一致、時制、単数・複数、語順および語法、冠詞、代名詞、前置詞の使用にほとんど誤りがない
・スペル、句読法、大文字使用、段落分けの仕方にほとんど誤りがない

「B + (4) かなりあてはまる」例

タスク1

Hello. I'm **** **** . Let me introduce myself.

I'm 18 years old and everyday I go to school to become Japanese teacher. My father is banker and my mother is in home.
I have a sister, who is 16 years old. We have a dog as a pet.
My hobby is collecting magazines. I like fish and cips.

I've been abroad before. When I was high school student, I went to England and enjoyed camping. So I'm very exciting now because I get a chance to go to a country, where I camped. If it's possible for you to get me go to Brown sea Island, I want to camp there with you.

I can't wait to go to England.

[120 words]

[解説]
・文章の構成および展開ができている
・論理展開の方法が概ね適切で全体的に理解できる
・語彙使用が不適切で部分的に意味がわかりにくくなっているところがある
・主語と動詞の一致、時制、単数・複数、語順および語法、冠詞、代名詞、前置詞の使用にやや誤りがある
・スペル、句読法、大文字使用、段落分けの仕方にやや誤りがある

「B(3) わりとあてはまる」例

タスク 1

> Hello. My name is *** ***. My old is nineteen.
> I go to **** university every day to study, play volleyball and meet my friends.
> My family is five. Mother, father, brother, sister and me.
> Do you like pets? I have a cat. She is very cute. One of my hobby is sports. I belong to volleyball club for ten years. And I study about a lot of sports in my school. Because I enjoy my school life everyday.
> My favorite food is a tomato. It is very delicious.
> I have never been abroad. I want to shopping in England.
>
> [100 words]

[解説]
・文章の構成および展開がほぼできている
・論理展開の方法は必ずしも適切ではないが、全体的にほぼ理解できる
・語彙使用が不適切で意味がわかりにくくなっているところがある
・主語と動詞の一致、時制、単数・複数、語順および語法、冠詞、代名詞、前置詞の使用に誤りがある
・スペル、句読法、大文字使用、段落分けの仕方に誤りがある

「B(2) 少しあてはまる」例

タスク1

> My name is **** **** , and I'm twenty years old. I have a father, a mother, a big sister. Our family has a cat and it's very cute. I play soccer everyday. I am interested in motorbike.
> And my hobby is reading books. I have no special likes in food. I have been abroad that Korea, America. I got special exprence. I went to see culture bildings while I am in England. Because they moves me.
>
> [76 words]

[解説]
- 文章の構成および展開が不十分である
- 論理展開の方法が不適切で理解しにくい
- 語彙使用が明らかに不適切で、意味を取り違えたり、意味がわかりにくいところがある
- 主語と動詞の一致、時制、単数・複数、語順および語法、冠詞、代名詞、前置詞の使用に誤りが多い
- スペル、句読法、大文字使用、段落分けの仕方に誤りが多い

「C(1) あてはまらない」例

タスク1

My name is *** ***. I'm 19 years old. I have mother and a big brother. My hobby is playing the piano. I like music. So I want to been in Vien. My like food is cake. My experience in traveling abroad is no.

[46 words]

[解説]
- 文章の構成および展開ができていない
- 論理展開の方法や語彙使用についての知識がほとんどなく、理解しにくい
- 主語と動詞の一致、時制、単数・複数、語順および語法、冠詞、代名詞、前置詞の使用に誤りが非常に多い
- スペル、句読法、大文字使用、段落分けの仕方に誤りが非常に多い

2. タスク２の評価基準

評価対象となる言語能力特性：Communicability（意味・内容の伝達を重視し、言語による効率的な情報伝達を行うことのできる能力）	
伝達内容の質（Communicative quality）：書かれている内容を、読み手が支障なく、明瞭に理解することができる	情報伝達の効果（Communicative effect）：与えられた課題に対して適切かつ十分に、関連性が明確である考えが効果的に示されている
・言語使用能力が確かなものであることがわかる ・自分の考えを表現したり、意図を伝えることのできるすぐれた構文力・語彙力がある	・与えられた課題に対してそつ無く回答している ・課題に対する関連性が十分にある考えが数多く提示され、効果的に内容が伝えられている

この答案には、上記の評価基準が

A(5)	きわめてあてはまる
B＋(4)	かなりあてはまる
B(3)	わりとあてはまる
B－(2)	少しあてはまる
C(1)	あてはまらない

「A(5) きわめてあてはまる」例

タスク2

Discussion Topic: Why do you study English?
ー To become an English teacher
ー To talk with many people all over the world
ー To be a good English speaker
ー To make friends with foreigners
ー To fall in love with foreigners
ー To read Harry Potter
ー To watch foreign movies that English is spoken
ー To read English newspapers and magazines
ー To send e-mail to my friend who lives in America
ー To write a letter to my hostfamily who live in Australia
ー To go the Desneyland which is in America
ー To go shopping alone in New York

［解説］
・与えられた課題に対してそつ無く回答している
・読み手に対して非常に明瞭に内容が伝わる
・言語使用能力が確かなものであることがわかる
・自分の考えを表現したり、意図を伝えることのできるすぐれた語彙力がある

「B +(4) かなりあてはまる」例

タスク 2

Discussion Topic: Why do you study English?
— To be able to speak to foreigners
— To read English books
— To get new knowledge on Web sites that's written by English
— To communicate with person who I don't know his country
— To know the Japanese charm point
— To pass TOEIC
— To see movies without Japanese voice
— To read books written in English
— To contact to my American friends
— To protect myself when I go abroad

[解説]
・与えられた課題に対して部分的に回答している
・読み手に対して十分に内容が伝わる
・十分な言語使用能力があるが、不確かに思われるところもある
・自分の考えや意味を十分に伝えることのできる語彙力がある

> 「B(3) わりとあてはまる」例

タスク2

Discussion Topic: Why do you study English?
- To talk with foreignor people
- To understand different culture
- To study English itself
- To watch movies without Japanies sentence
- To read many books
- To sing English song
- To make many friends
- To be my skil

［解説］
・与えられた課題の一部に回答している
・読み手に対してほぼ内容が伝えられている
・言語使用能力はあるが、不確かに思われるところも多い
・自分の考えや意味をほぼ伝えることのできる語彙力がある

「B(2) 少しあてはまる」例

タスク 2

Discussion Topic: Why do you study English?
- To communicate with people
- To tell foreigner in Japan the way to anywhere
- To teach
- To get A, (not D)
- To know how to use the language much more
- ~~To~~ Because I like it
- To

[解説]
・与えられた課題のごく一部について回答している
・読み手に対して十分に内容が伝わらない
・言語使用能力が不足している
・語彙力の不足があり、自分の考えや意味を十分に伝えることができない

「「C(1) あてはまらない」例

タスク2

Discussion Topic: Why do you study English?
― To usuful in the world
― To become my skil
― To make friends in the world
― To spread
― To
― To
― To

[解説]
- 与えられた課題にほとんど回答できていない
- 読み手に対してほとんど内容が伝わらない
- 言語使用能力や語彙力が不足し、自分の考えや意味をほとんど伝えることができない

評定の手引きに関する
アンケート（本調査1）

評定の手引きの各項目について、あてはまるものを○で囲んで下さい。
1.「Ⅰ　はじめに」の内容は、TBWTの基本原理を理解する上で、
　　役に立つ　　　　もう少しくわしく書く必要がある
　　全面的に書き直す必要がある
　　※加筆・修正すべき点についてお書きください
　　[　　　　　　　　　　　　　　　　　　　　　　　　　　　]

2.「Ⅱ　評価タスク」の内容は、それぞれのタスクの内容を理解する上で、
　　役に立つ　　　　もう少しくわしく書く必要がある
　　全面的に書き直す必要がある
　　※加筆・修正すべき点についてお書きください
　　[　　　　　　　　　　　　　　　　　　　　　　　　　　　]

3.「Ⅲ　実施方法」の内容は、テストを実施する上で、
　　役に立つ　　　　もう少しくわしく書く必要がある
　　全面的に書き直す必要がある
　　※加筆・修正すべき点についてお書きください
　　[　　　　　　　　　　　　　　　　　　　　　　　　　　　]

4.「Ⅳ　評価基準とサンプル」について
　(1)「タスク1の評価基準」についての説明部分は、
　　とても理解しやすい　　　理解しやすい　　　理解しにくい
　　とても理解しにくい
　(2)「タスク1の評価基準」は、
　　とても評価しやすい　　　評価しやすい　　　評価しにくい
　　とても評価しにくい
　(3)「タスク1のサンプル」は、
　　とても役に立つ　　　役に立つ　　　役に立たない
　　まったく役に立たない
　　※上の回答のように思われる「理由」についてお書きください
　　[　　　　　　　　　　　　　　　　　　　　　　　　　　]
　(4)「タスク2の評価基準」についての説明部分は、
　　とても理解しやすい　　　理解しやすい　　　理解しにくい
　　とても理解しにくい
　(5)「タスク2の評価基準」は、
　　とても評価しやすい　　　評価しやすい　　　評価しにくい
　　とても評価しにくい
　(6)「タスク2のサンプル」は、
　　とても役に立つ　　　役に立つ　　　役に立たない
　　まったく役に立たない
　　※上の回答のように思われる「理由」についてお書きください
　　[　　　　　　　　　　　　　　　　　　　　　　　　　　]

5. この手引き全体に対するコメントがあれば、ぜひお書きください。

ご協力、ありがとうございました。

評定者トレーニング・評定作業に関する
アンケート（本調査3）

A. 前半の「講義」で説明を行った評定の手引きの各内容について、あてはまるものを○で囲んで下さい。

1. 「Ⅰ　はじめに（p.1）」の内容は、TBWTの基本原理を理解する上で、
　　　役に立つ　　　もう少しくわしく書く必要がある
　　　全面的に書き直す必要がある
　　　※加筆・修正すべき点についてお書きください
　　　[　　　　　　　　　　　　　　　　　　　　　　　　　　]

2. 「Ⅱ　評価タスク（pp.1-3）」の内容は、それぞれのタスクの内容を理解する上で、
　　　役に立つ　　　もう少しくわしく書く必要がある
　　　全面的に書き直す必要がある
　　　※加筆・修正すべき点についてお書きください
　　　[　　　　　　　　　　　　　　　　　　　　　　　　　　]

3. 「Ⅲ　実施方法（p.3）」の内容は、テストを実施する上で、
　　　役に立つ　　　もう少しくわしく書く必要がある
　　　全面的に書き直す必要がある
　　　※加筆・修正すべき点についてお書きください
　　　[　　　　　　　　　　　　　　　　　　　　　　　　　　]

B. 後半の「演習」で扱った「Ⅳ　評価基準 (pp.4-5)」と「サンプル」について、あてはまるものを○で囲んで下さい。

1. 「タスク1の評価基準」についての説明部分は、
   とても理解しやすい　　　理解しやすい　　　理解しにくい
   とても理解しにくい

2. 「タスク1の評価基準」は、
   とても評価しやすい　　　評価しやすい　　　評価しにくい
   とても評価しにくい

3. 「タスク1のサンプル」を活用したトレーニングは、
   とても役に立つ　　　役に立つ　　　役に立たない
   まったく役に立たない
   ※上の回答のように思われる「理由」についてお書きください
   [　　　　　　　　　　　　　　　　　　　　　　　　　　]

4. 「タスク2の評価基準」についての説明部分は、
   とても理解しやすい　　　理解しやすい　　　理解しにくい
   とても理解しにくい

5. 「タスク2の評価基準」は、
   とても評価しやすい　　　評価しやすい　　　評価しにくい
   とても評価しにくい

6. 「タスク2のサンプル」を活用したトレーニングは、
   とても役に立つ　　　役に立つ　　　役に立たない

まったく役に立たない
※上の回答のように思われる「理由」についてお書きください
[　　　　　　　　　　　　　　　　　　　　　　　　　　　　]

7. 評定者トレーニング（講義・演習）全体に対するコメントがあれば、ぜひお書きください。

[　　　　　　　　　　　　　　　　　　　　　　　　　　　　]

C. 今回の評定作業に関わる各項目について、あてはまるものを○で囲んで下さい。

1. 評定作業（トレーニング終了後、実際に評定を終えるまで）に要した時間は、
   約60分　　約90分　　約120分
   120分以上（→約　　　分）

2. 評定作業に伴う「疲労度」は、
   とても疲れる　　疲れる　　疲れない　　まったく疲れない

3. 今回は20名分の評定を行っていただきましたが、何名程度までであれば、大きな負担を感じることなく評定を行うことができそうですか

20名〜40名　　〜60名まで　　〜80名まで　　〜100名まで

4. 評定作業全体についてコメントがあれば、ぜひお書きください。

```
┌─────────────────────────────────────┐
│                                     │
│                                     │
│                                     │
│                                     │
│                                     │
└─────────────────────────────────────┘
```

ご協力、ありがとうございました。

評定の手引き・評定作業に関する
アンケート（本調査3）

A. 評定の手引きの各項目について、あてはまるものを○で囲んで下さい。

 1.「Ⅰ　はじめに（p.1）」の内容は、TBWTの基本原理を理解する上で、
　　役に立つ　　　もう少しくわしく書く必要がある
　　全面的に書き直す必要がある
　　※加筆・修正すべき点についてお書きください
　　[　　　　　　　　　　　　　　　　　　　　　　　　　　　　　　　]

 2.「Ⅱ　評価タスク（pp.1-3）」の内容は、それぞれのタスクの内容を理解する上で、
　　役に立つ　　　もう少しくわしく書く必要がある
　　全面的に書き直す必要がある
　　※加筆・修正すべき点についてお書きください
　　[　　　　　　　　　　　　　　　　　　　　　　　　　　　　　　　]

 3.「Ⅲ　実施方法（p.3）」の内容は、テストを実施する上で、
　　役に立つ　　　もう少しくわしく書く必要がある
　　全面的に書き直す必要がある
　　※加筆・修正すべき点についてお書きください
　　[　　　　　　　　　　　　　　　　　　　　　　　　　　　　　　　]

4.「Ⅳ　評価基準とサンプル (pp.4-11)」について
　(1)「タスク1の評価基準」についての説明部分は、
　　　とても理解しやすい　　　理解しやすい　　　理解しにくい
　　　とても理解しにくい
　(2)「タスク1の評価基準」は、
　　　とても評価しやすい　　　評価しやすい　　　評価しにくい
　　　とても評価しにくい
　(3)「タスク1のサンプル」は、
　　　とても役に立つ　　　役に立つ　　　役に立たない
　　　まったく役に立たない
　　　※上の回答のように思われる「理由」についてお書きください
　　　[　　　　　　　　　　　　　　　　　　　　　　　　　　]
　(4)「タスク2の評価基準」についての説明部分は、
　　　とても理解しやすい　　　理解しやすい　　　理解しにくい
　　　とても理解しにくい
　(5)「タスク2の評価基準」は、
　　　とても評価しやすい　　　評価しやすい　　　評価しにくい
　　　とても評価しにくい
　(6)「タスク2のサンプル」は、
　　　とても役に立つ　　　役に立つ　　　役に立たない
　　　まったく役に立たない
　　　※上の回答のように思われる「理由」についてお書きください
　　　[　　　　　　　　　　　　　　　　　　　　　　　　　　]

5. この手引き全体に対するコメントがあれば、ぜひお書きください。

B. 今回の評定作業に関わる各項目について、あてはまるものを○で囲んで下さい。

1. 評定作業（評定の手引きを読み内容・手順を理解して実際に評定を終えるまで）に要した時間は、
   約60分　　　約90分　　　約120分
   120分以上（→約　　　分）

2. 評定作業に伴う「疲労度」は、
   とても疲れる　　疲れる　　疲れない　　まったく疲れない

3. 今回は20名分の評定を行っていただきましたが、何名程度までであれば、大きな負担を感じることなく評定を行うことができそうですか
   20名～40名　　～60名まで　　～80名まで
   ～100名まで

4. 評定作業全体についてコメントがあれば、ぜひお書きください。

ご協力、ありがとうございました。

評価タスク

A. Accuracy 1

(1) タスクの説明（rubric）

　この課題では、指定された内容を伝える英語の手紙をどのくらい正しい英文で書くことができるかをテストします。最初に1～5のそれぞれの質問に対する自分の答を考えます。次に、その内容をもとに英語の手紙の形式に合わせて、正しい英文で自己紹介の手紙を書きなさい。解答のための時間は20分間で、語数は100～120語としなさい。なお、採点は次の3つの観点から行います。

　①1～5の内容をすべて含み、自己紹介を目的とした手紙文としての適切さ
　②言語的側面（文法・語彙・スペル等）の正確さ
　③文章の形式的側面（構成・展開法）の適切さ

(2) タスクの指示（prompt）

　You are going to stay with Parker Family in Britain this summer. Write a 100-120 word letter introducing yourself to your host family. Before writing, think of the following topics.

　・Your name and age
　・Your job, profession, or major in school
　・Your family and pets
　・Your interests and hobbies

- Your favorite places, foods, activities
- Your experience in traveling abroad
- Some things you want to do while you are in England

B. Accuracy 2

(1) タスクの説明（rubric）

　この課題では、日本語の説明文を参考にして「日本の四季」についての説明をどのくらい正しい英文で書くことができるかをテストします。最初に与えられた説明文を読み、各季節の特徴を考えます。次に、それぞれの特徴についての説明をできるだけ正しい英文で書きなさい。解答のための時間は20分間で、語数は100〜120語としなさい。なお、採点は次の3つの観点から行います。
　①日本の四季についての説明文としての適切さ
　②言語的側面（文法・語彙・スペル等）の正確さ
　③文章の形式的側面（構成・展開法）の適切さ

(2) タスクの指示（prompt）

　次の日本語の説明文を読み、各季節の特徴を考え、日本の四季について英語で説明文を書きなさい。

> 日本には四季があります。春と秋はずいぶん快適です。春から夏に向けて次第に気温が上昇し、最高気温は30℃をこえます。また春から夏への季節の変わり目には梅雨があり、蒸し暑いです。夏から秋に向けて気温は低下し、しばしば台風に見舞われます。冬は寒く、特に日本の北部では雪がたくさん降ります。しかし、おおむね温帯に位置しているので、穏やかな気候です。

Write a 100-120 word explanation about the four seasons in Japan.

C. Accuracy 3

(1) タスクの説明（rubric）

　この課題では、与えられたデータに基づき「日本とアメリカの大学の相違点」についての説明をどのくらい正しい英文で書くことができるかをテストします。最初に与えられたデータから両国の大学の違いについて考えます。次に、それぞれの相違点の説明をできるだけ正しい英文で書きなさい。解答のための時間は20分間で、語数は100〜120語としなさい。なお、採点は次の3つの観点から行います。
　①日本とアメリカの大学の相違点についての説明文としての適切さ
　②言語的側面（文法・語彙・スペル等）の正確さ
　③文章の形式的側面（構成・展開法）の適切さ

(2) タスクの指示（prompt）

　次の1〜10項目の内容から、日本とアメリカの大学の「相違点」を考えなさい。

		日本の大学	アメリカの大学
1.	新年度の開始	4月	9月
2.	夏季休業期間	8月〜9月	6月〜8月
3.	授業方法	講義中心	議論中心
4.	学生の学習態度	あまり勉強しない	よく勉強する
5.	科目の授業回数	基本的に週1回	週に2〜3回
6.	履修科目数	半期に10科目以上	半期に5科目程度
7.	宿題や課題	あまりない	たくさんある
8.	定期試験	学期末に1回	中間試験と期末試験
9.	プレッシャー	あまりない	ある
10.	学費	親が負担	学生本人が負担

Japanese and American university life has some differences. Write a 100-120 word explanation about the differences between Japanese and American university life.

D. Accuracy 4

(1) タスクの説明（rubric）

　この課題では、与えられたスケジュール帳の内容に基づき「スミス先生の1日の行動」についての説明をどのくらい正しい英文で書くことができるかをテストします。最初に与えられたスケジュール帳の内容を確認します。次に、それぞれの時間帯における行動の説明をできるだけ正しい英文で書きなさい。解答のための時間は20分間で、語数は100〜120語としなさい。なお、採点は次の3つの観点から行います。
　①スミス先生の行動についての説明文としての適切さ
　②言語的側面（文法・語彙・スペル等）の正確さ
　③文章の形式的側面（構成・展開法）の適切さ

(2) タスクの指示（prompt）

次のスケジュール帳の内容から、「スミス先生の1日の行動」を確認しなさい。

Monday, April 11

8:30 － 11:30	have three English classes, fun but a little tired
11:30 － 12:30	prepare for the next classes
12:30 － 1:00	have lunch with teachers
1:30 － 3:30	observe classes
3:30 － 4:00	clean the room with students
4:30 － 5:30	play basketball
5:30 － 6:00	buy food for dinner at supermarket
6:00 － 7:30	make and eat vegetable pastas
7:30 － 9:00	watch the baseball game on TV
9:00 － 10:00	take shower and go to bed

Write a 100-120 word explanation about Mr. Smith's day.

E. Accuracy 5

(1) タスクの説明（rubric）

この課題では、与えられたデータに基づき「日本とイギリスの類似点」についての説明をどのくらい正しい英文で書くことができるかをテストします。最初に与えられたデータから両国の類似点を考えます。次に、それぞれの類似点の説明をできるだけ正しい英文で書きなさい。解答のための時間は20分間で、語数は100〜120語としなさい。なお、採点は次の3つの観点から行います。

①日本とイギリスの類似点についての説明文としての適切さ

②言語的側面（文法・語彙・スペル等）の正確さ
③文章の形式的側面（構成・展開法）の適切さ

(2) タスクの指示（prompt）

次の1～10項目の内容から、日本とイギリスの「類似点」を考えなさい。

		日本	イギリス
1.	地理・地形	島国	島国
2.	面積	377,600 km²	244,820 km²
3.	人口	約 127,770 千人	約 60,270 千人
4.	国民性	内気、控え目	遠慮がち、控え目
5.	季節	四季がある	四季がある
6.	気候	温帯	温帯
7.	通貨	円	ポンド
8.	公用語	日本語	英語
9.	主食	米	ジャガイモ
10.	君主制	皇室	王室

Although there may be some differences between Japan and the UK, both countries share many similarities. Write a 100-120 word explanation about the similarities between the two countries.

F. Communicability 1

(1) タスクの説明（rubric）

　この課題では、限られた時間の中で英文によるメモを書き、英語でどのくらい情報を伝えることができるかをテストします。最初に与えられた"Discussion Topic"に対する自分の答をできるだけ多く考えます。次に、その内容を（例）にならい簡潔に、わかりやすい英語で書き表すようにします。解

答のための時間は10分間で、語数に制限はありません。1つでも多くの考えを英語で書き表すようにしてください。なお、採点は次の3つの観点から行います。

①課題の意図をよく理解して書かれた内容になっているか
②自分の考えや意図がわかりやすく伝えられているか
③内容を効率的に伝えるために適切な語彙や表現を使用しているか

(2) タスクの指示（prompt）

You are going to have a discussion on the following topic, "Why do you study English?" In order to prepare for the discussion, think of answers to the question as many as possible. Then make notes about it the following table.

Discussion Topic: Why do you study English?
ー（例）To travel abroad
ー To
ー To

G. Communicability 2

(1) タスクの説明（rubric）

この課題では、限られた時間の中で英文によるメモを書き、英語でどのくらい情報を伝えることができるかをテストします。まず、健康を保つための方法（Ways to keep healthy）として「してはいけないこと（don'ts）」をできるだけ多く考えます。次に、その内容を(例)にならい簡潔に、わかりやすい英語で書き表すようにします。解答のための時間は10分間で、語数に

制限はありません。1つでも多くの考えを英語で書き表すようにしてください。なお、採点は次の3つの観点から行います。

①課題の意図をよく理解して書かれた内容になっているか
②自分の考えや意図がわかりやすく伝えられているか
③内容を効率的に伝えるために適切な語彙や表現を使用しているか

(2) タスクの指示 (prompt)

Make a list of ways to keep healthy. Write as many "don'ts" as possible in the following table.

Ways to Keep Healthy
一 (例) Do not smoke cigarettes.
一
一

H. Communicability 3

(1) タスクの説明 (rubric)

　この課題では、限られた時間の中で英文によるメモを書き、英語でどのくらい情報を伝えることができるかをテストします。まず、英語を勉強する必要に迫られた友人に対する英語学習の"Advice"をできるだけ多く考えます。次に、その内容を（例）にならい簡潔に、わかりやすい英語で書き表すようにします。解答のための時間は10分間で、語数に制限はありません。1つでも多くの考えを英語で書き表すようにしてください。なお、採点は次の3つの観点から行います。

①課題の意図をよく理解して書かれた内容になっているか
②自分の考えや意図がわかりやすく伝えられているか
③内容を効率的に伝えるために適切な語彙や表現を使用しているか

(2) タスクの指示 (prompt)

Your friend needs to learn English. Give advice to him or her on how to be an effective language learner. Write as many pieces of advice as possible in the following table.

How to be an effective language learner
― (例) You should read many English books.
―
―

I. Communicability 4

(1) タスクの説明 (rubric)

　この課題では、限られた時間の中で英文によるメモを書き、英語でどのくらい情報を伝えることができるかをテストします。まず、ストレスを解消する方法をできるだけ多く考えます。次に、その内容を（例）にならい簡潔に、わかりやすい英語で書き表すようにします。解答のための時間は10分間で、語数に制限はありません。1つでも多くの考えを英語で書き表すようにしてください。なお、採点は次の3つの観点から行います。

①課題の意図をよく理解して書かれた内容になっているか
②自分の考えや意図がわかりやすく伝えられているか

③内容を効率的に伝えるために適切な語彙や表現を使用しているか

(2) タスクの指示 (prompt)

Stress at work or school can be a serious problem. What are some ways to reduce the amount of stress in your life? Write as many ways to release stress as possible in the following table.

The effective ways to release stress is
－（例） To try physical exercise.
－ To
－ To

I. Communicability 5

(1) タスクの説明 (rubric)

　この課題では、限られた時間の中で英文によるメモを書き、英語でどのくらい情報を伝えることができるかをテストします。まず、「暇な時に自分が何をしたいか」をできるだけ多く考えます。次に、その内容を（例）にならい簡潔に、わかりやすい英語で書き表すようにします。解答のための時間は10分間で、語数に制限はありません。1つでも多くの考えを英語で書き表すようにしてください。なお、採点は次の3つの観点から行います。

　①課題の意図をよく理解して書かれた内容になっているか
　②自分の考えや意図がわかりやすく伝えられているか
　③内容を効率的に伝えるために適切な語彙や表現を使用しているか

(2) タスクの指示（prompt）

You are going to talk about your free time in class. What do you want to do in your free time? Write things you want to do as many as possible in the following table.

What do you want to do in your free time?
一 （例） I want to watch DVDs.
一
一

ライティング・タスクに関する
アンケート（本調査4）

1. ライティング・タスク1（A・B・C・D・E）について、Aに対する評価を基準として、あてはまるものを○で囲んで下さい。

1)「解答のための時間（20分）」は、

タスク 1-A	とても適切である	適切である	適切ではない	全く適切ではない
タスク 1-B	とても適切である	適切である	適切ではない	全く適切ではない
タスク 1-C	とても適切である	適切である	適切ではない	全く適切ではない
タスク 1-D	とても適切である	適切である	適切ではない	全く適切ではない
タスク 1-E	とても適切である	適切である	適切ではない	全く適切ではない

2)「書くための意味内容に対する支援（content-oriented support）」は、

タスク 1-A	とても適切である	適切である	適切ではない	全く適切ではない
タスク 1-B	とても適切である	適切である	適切ではない	全く適切ではない
タスク 1-C	とても適切である	適切である	適切ではない	全く適切ではない
タスク 1-D	とても適切である	適切である	適切ではない	全く適切ではない
タスク 1-E	とても適切である	適切である	適切ではない	全く適切ではない

3)「言語形式に対する焦点化(form-focused stakes)」は、

タスク 1-A	とても適切である	適切である	適切ではない	全く適切ではない
タスク 1-B	とても適切である	適切である	適切ではない	全く適切ではない
タスク 1-C	とても適切である	適切である	適切ではない	全く適切ではない
タスク 1-D	とても適切である	適切である	適切ではない	全く適切ではない
タスク 1-E	とても適切である	適切である	適切ではない	全く適切ではない

2. ライティング・タスク 2（A・B・C・D・E）について、Aに対する評価を基準として、あてはまるものを○で囲んで下さい。

1)「解答のための時間（10分）」は、

タスク 1-A	とても適切である	適切である	適切ではない	全く適切ではない
タスク 1-B	とても適切である	適切である	適切ではない	全く適切ではない
タスク 1-C	とても適切である	適切である	適切ではない	全く適切ではない
タスク 1-D	とても適切である	適切である	適切ではない	全く適切ではない
タスク 1-E	とても適切である	適切である	適切ではない	全く適切ではない

2)「書くための言語形式内容に対する支援（form-oriented support）」は、

タスク 1-A	とても適切である	適切である	適切ではない	全く適切ではない
タスク 1-B	とても適切である	適切である	適切ではない	全く適切ではない
タスク 1-C	とても適切である	適切である	適切ではない	全く適切ではない
タスク 1-D	とても適切である	適切である	適切ではない	全く適切ではない
タスク 1-E	とても適切である	適切である	適切ではない	全く適切ではない

3)「意味内容に対する焦点化（meaning-focused stakes）」は、

タスク 1-A	とても適切である	適切である	適切ではない	全く適切ではない
タスク 1-B	とても適切である	適切である	適切ではない	全く適切ではない
タスク 1-C	とても適切である	適切である	適切ではない	全く適切ではない
タスク 1-D	とても適切である	適切である	適切ではない	全く適切ではない
タスク 1-E	とても適切である	適切である	適切ではない	全く適切ではない

3. それぞれ5つのライティング・タスクについて、Aを基準として、タスクの困難度（task difficulty）を判定するとどのような順序となりますか。あてはまる〈　〉にタスク記号（B・C・D・E）を記入してください。

　　1) ライティング・タスク1

　　　　易しい ←--→ 難しい
　　　　〈　〉〈　〉〈　〉〈　〉〈　〉〈A〉〈　〉〈　〉〈　〉〈　〉〈　〉

　　2) ライティング・タスク2

　　　　易しい ←--→ 難しい
　　　　〈　〉〈　〉〈　〉〈　〉〈　〉〈A〉〈　〉〈　〉〈　〉〈　〉〈　〉

4. 今回、紹介させていただいたライティング・タスクに対するコメントがあれば、ぜひお書きください。

　　　　　　　　　　　　　　　　　　　　　　ご協力、ありがとうございました。

索　引

▶ A〜Z

Accuracy
　──構成概念　　28, 30, 34
　──尺度　　54, 57
　──タスク　　33, 37-38, 40
　──測定モデル　　31-32

Communicability
　──構成概念　　29-30, 34
　──尺度　　54, 57
　──タスク　　33, 38, 40
　──測定モデル　　33

ESL Composition Profile　　42
FACETSによる分析　　93
FACETS分析　　49, 53, 74, 110, 125
FCE　　41
Infit　　76, 82, 84, 94, 113, 116, 125
Infit数値　　50, 115
NAEP Scoring Guide　　42
STEP（Step difficulty）　　52, 54, 57, 79
TWE　　41

▶ あ行

意外性　　25

▶ か行

外挿　　13
学習指導要領　　5, 7
課題（task）　　19
課題特性の枠組み　　37
葛藤　　98, 101-102

活用力（ability for use）　　20, 23, 31
記憶に基づく体系　　18
規則に基づく体系　　18
期待される応答（expected response）　　37
　──の特性　　26, 34
機能的能力　　15, 29-30
厳しさ（severity）　　76, 105, 112, 117
強形（タスク）　　7
言語運用（performance）　　16, 20, 30
言語運用能力　　6
言語使用域　　25
言語知識の領域　　27
言語的正確さ　　29
言語的複雑さ　　21-23
言語能力　　15-17, 20
言語の使用場面　　7, 39
言語の働き　　39
　──の例　　7
構成概念（construct）　　11, 20, 22
　──に基づく言語処理的テスト法　　24, 27
　──に基づくテスト開発　　22-23
構成能力・知識　　15, 28
高等学校学習指導要領　　37, 39
コード化分類表　　91
誤答減点法　　5
コミュニケーション能力　　11-12, 14
コミュニケーション能力理論　　14
語用論的知識　　15, 29

▶さ行

支援　33
時間的圧力　33
思考表出法　90
指示（prompt）　37, 133
社会言語学的能力　12, 15, 29-30
尺度の等間隔性　52, 60, 74, 124, 137
弱形（タスク）　7
ジャンル・アプローチ　5
受験者の属性　22-23
情報伝達の効果　30, 32
信頼性　51, 73, 85
信頼性指数　49, 50, 76, 110
心理生理機構　15
ストラテジー能力　12, 15-17
正確さ（Accuracy）　4, 19, 28, 30, 34
　　──の測定モデル　31-32
制御　33
説明　37
全体的印象尺度　41
全体的評価法　41
専用尺度方式　44

▶た行

タスク　7, 19, 28
　　──固有の特徴　22-23
　　──細目　36
　　──に基づくテスト法　21, 23
　　──に基づくライティングテスト　8-9
　　──の困難度　21
妥当性　74, 86
多特性評価法　43

単特性評価法　42
調停　20, 101-102
直接テスト方式　6
伝わりやすさ（Communicability）　29-30, 34
　　──の測定モデル　33
ディスコース能力　12
手紙文　37
テキスト能力　15, 28-29
テスト作成者志向尺度　44
テスト使用者志向尺度　44
デュアル・モード処理　18-20
　　──体系　28
　　──理論　26
伝達内容の質　30
伝達のストレス　21-23
討議テーマ　39
統制ライティング　3
トレードオフの関係　19-20, 28

▶な行

内的一貫性　52, 73
入力の特性（input）　26, 34
認知的複雑さ　21, 23

▶は行

パーシャルクレジットモデル　77, 116
バイアス分析　50, 82, 84, 95, 114
波及効果　12
パフォーマンス評価　103
評価基準　30, 61-63, 96, 103
評価者志向尺度　45

標準誤差　　49, 112, 125
評定者間信頼性　　106
評定尺度　　44-45, 47, 53, 60, 77
評定者トレーニング　　105, 108
評定者内一貫性　　105, 107, 117
評定者内信頼性　　106
ファセット（FACETS）分析
　　　　　　　　49, 53, 74, 110, 125
フィット統計（fit statistics）　　49, 93
複雑さ　　19, 28
部分採点モデル（partial-credit model）
　　　　　　　　49
プロセス・ライティング・アプローチ
　　　　　　　　4
プロセスを重視する立場　　4
プロダクトを重視する立場　　4

プロトコル・データ　　91, 96, 98-99
プロトコル分析　　92
文章構成力　　29
分析的評価法　　42
文法能力　　12, 15, 28-29
分離指数　　49-50
平行形式信頼性　　124

▶ら行
ライティング・サンプル　　64
利害関係　　33
流暢さ　　4, 19, 28

▶わ行
話題に関する知識　　17

■著者紹介

杉田　由仁（すぎた　よしひと）

1961年山梨県生まれ。早稲田大学大学院教育学研究科修了（教育学博士）。山梨県公立中学校英語科教諭、山梨県立看護大学専任講師等を経て現在山梨県立大学准教授。主な著書に『事例で学ぶ看護英語』『パラグラフ・ライティング基礎演習』（成美堂）、『ライティングで学ぶ英語プレゼンテーションの基礎』（南雲堂）などがある。

日本人英語学習者のための
タスクによるライティング評価法
― 構成概念に基づく言語処理的テスト法 ―

2013年5月20日　初版第1刷発行

■著　者──杉田由仁
■発行者──佐藤　守
■発行所──株式会社 大学教育出版
　　　　　〒700-0953　岡山市南区西市855-4
　　　　　電話(086)244-1268㈹　FAX(086)246-0294
■印刷製本──サンコー印刷㈱
■ＤＴＰ──北村雅子

© Yoshihito Sugita 2013, Printed in Japan
検印省略　落丁・乱丁本はお取り替えいたします。
本書のコピー・スキャン・デジタル化等の無断複製は著作権法上での例外を除き禁じられています。本書を代行業者等の第三者に依頼してスキャンやデジタル化することは、たとえ個人や家庭内での利用でも著作権法違反です。

ISBN978-4-86429-215-3